日本のジェンダーを考える

川口　章　著

有斐閣選書

はしがき

三〇年近くも前の出来事だが、今でも時折思い出す光景がある。

学生時代に海外を旅行したときのことだ。その日、私は近くの島に出かけるクルーズに参加した。当時、日本はバブル景気の真っ只中で、空前の海外旅行ブームだった。クルーズ参加者のほとんどは日本人の若者だった。そのなかに、一組だけ、熟年の夫婦がいた。妻はいたって社交的で、若い人に話題を合わせて場の雰囲気を和ませていた。他方、夫は無口で、周りの人とはもちろん、妻とさえ、必要最小限の言葉しか交わさなかった。ただ、不機嫌とか夫婦喧嘩をしているというふうではなかった。おそらく、普段からそのような夫婦なのだろうと思わせるような自然な態度だった。

その出来事は、島での昼食の時に起こった。昼食はバーベキューだった。ヤシの木陰に数十人分の簡易食卓と椅子が、そして食卓の上には食器を乗せたトレイが並べられていた。食卓の向こうにあるバーベキュー・コンロからは煙が上がり、スタッフが次々と焼きあがる肉や魚を、コンロの横にある大皿に盛り上げていた。その隣の大テーブルには、サラダ、ジュース、トロピカルフルーツなどが所狭しと並んでいた。

みんなが思い思いに食卓についた。熟年夫婦は私の斜め前に座った。全員が着席すると、ガイドさんが、各自トレイをもって大テーブルに行き、飲み物、サラダ、肉、魚、デザートなどを取って来るよう指示した。みんなが一斉にトレイをもって立ち上がり、食べ物が並んでいる大テーブルに向かって動き始めた。気がつくと、大テーブルの前には長い列ができ、初動が遅かった私は列の最後尾あたりに並んだ。

すっかり人影がなくなった食卓に目をやると、あの男がひとりポツンと座っている。ガイドさんの指示が理解できなかったのだろうか。いや、妻と一緒なのだから、わからなければ彼女が教えてあげただろう。足でも悪いのだろうか。いや、今までは普通に歩いていた……。一瞬のうちに、いろいろな考えが脳裏をよぎったが、頭はすぐに目の前のごちそうに切り替えられた。

私が食べ物を一通りトレイに乗せて食卓に戻ってくると、あの男が黙々と食事をしているではないか。何という早業。いつの間に食べ物を取ってきたのだろう。私が並んでいたとき、彼はまだ食卓で座っていたのに……。ふと気がつけば、彼の妻がいない。周りを見回すと、彼女は短くなった列の一番後ろに再びトレイをもって並んでいるではないか。

そう。夫は、妻が運んでくれた昼食を一人黙々と食べ、彼女は自分の食事をもらうために再び列の最後尾に並んでいたのだ。これには驚いたが、驚いたのは私だけではないようで、周りの人たちも、一人悠然と食べている夫と再び行列している妻を、それとなく横目で観察している様子だった。

妻が自分の食べ物をもって再び食卓に戻ってきたとき、夫は半分以上食事を終えていた。彼女は、食卓に着くと、夫に何か声をかけ、食事を始めた。これもごく自然な所作で、二人の関係がいつもこうであろうことを物語っていた。夫の食事の準備は妻の役割であり、出来上がった料理を食卓に運ぶことも妻の役割だ。それは、たとえ旅先でも変わらないというのがこの夫婦の決まりごとのようだ。

私が、なぜ三〇年も前の光景を時折克明に思い出すのかは、自分でもよくわからない。ただ、一つ言えることは、あの光景を思い出すときの私の感情は、この三〇年間にかなり変化したということだ。若い頃は、あの光景を思い出すとき、憤り、苛立ち、嘲りなどの感情を伴った。何という男だろう。いったい自分を何様と思っているのか。

夫が夫なら妻も妻だ。自分の食事くらい自分で運ばせればいいではないか。何でも世話を焼くから、夫が何もしなくなるのだ。

ところが、自分自身がおそらくはあの夫婦の年齢に達した今は、あの光景を思い出してもそのような感情を伴うことない。むしろ、あの時の男の心情がどうだったかということに思いを巡らせている。自分以外の全員がトレイをもって行列しているときに、一人席に残って妻に食事を運ばせるというのは、非常に目立つ行為だ。周りからの好奇の視線に耐えなければならない。彼は、その視線に気づかないほど鈍感な人にも見えなかった。たとえ好奇の目にさらされても、あえて日頃の夫婦の役割を守るほうを二人は選択したに違いない。

私がこの出来事を紹介したのは、「ジェンダー」とは、まさにそのような男女の関係、性役割とその自覚を意味するからである。妻に食事を運ばせるのが彼の生き方であり、彼にとっての男らしさの表現である。夫の世話を焼くのが妻の人生であり、彼女にとっての女らしさの表現である。彼らが演じる男らしさ、女らしさは、何の合理性も道理もないつまらないこだわりのように思える。しかし、はたして彼らのつまらないこだわりを笑える人はどれほどいるだろうか。

彼らのこだわりが滑稽に見えるのは、彼らが唯一の熟年夫婦だったからではないか。逆に、熟年夫婦ばかりのツアーに参加していれば、自分の食事を運ぶ男性のほうが奇異に見えたかもしれないし、夫に食事を運ばせる妻が周りから批難を浴びたかもしれない。

私たちも、後世の人たちから見れば、合理性も道理もない男らしさや女らしさを演じているのである。ほとんどの場合、自分ではそれに気がついていないか、気づかぬふりをしているだけだ。しかし、社会から与えられたジェンダーという器に納まり切らない個性の持ち主は決して少なくない。手芸が好きな男の子、野球が得意な女の子、スポーツが苦手な男の子、料理に興味をもてない女の子、正社員になれない男性、仕事が生きがいの女性、男性の恋人をもつ男性、戸籍上の性別が男性である女性……。誰も一度や二度は、「もし、別の性に生まれていれば」と考えたことがあるのではないだろうか。

世界のどこの地域、いつの時代にも、性役割は存在した。どんな社会になっても私たちが性役割から完全に自由になることはないだろう。しかし、性役割に関してより厳格で硬直的な社会と寛容で柔軟な社会の違いは存在する。男らしく生きることや女らしく生きることを負担に思う自分がいるとすれば、変わるべきは自分自身ではなく、それを要求する社会のほうかもしれない。

本書は、私たちが生まれてから仕事を引退するまでのライフコースにおいて経験するさまざまな出来事に、ジェンダーがいかに深く関わっているかを考える。本書は人生の指南書ではない。どうすれば上手に生きられるかを教える書ではない。筆者は、ジェンダーの問題について答を出すよりも、むしろ読者に問いかけたい。人生で繰り返し遭遇する性役割の不条理に、あなたはどう対処するだろうか。本書が、それを考えるきっかけとなれば幸いである。

二〇一三年七月

川口　章

目次

第1章 男らしさ・女らしさ 1

1 ジェンダー 2

2 性の多様性 4

3 「女らしさ」への挑戦 7

4 さまざまな性差 10

5 進化心理学 18

6 俗流進化心理学 23

第2章 教育 27

1 教育とジェンダー格差 28

2 『女大学』 32

3 良妻賢母教育 …… 36
4 大学と短期大学 …… 40
5 ジェンダー・バランスとポジティブ・アクション …… 44

第3章 就職とキャリア形成 —— 51
1 挫　折 …… 52
2 コース別人事管理制度の理不尽 …… 54
3 女性が活躍している企業 …… 57
4 中小企業という選択肢 …… 60
5 女性活躍の障害 …… 62
6 昇進意欲のジェンダー格差 …… 66
7 ライフ・サイクルとキャリア形成 …… 68

第4章 結　婚 —— 73
1 少子化と非婚化 …… 74

2　性別分業が結婚を難しくする……76
3　非正規労働者の増加と晩婚化……79
4　恋愛結婚と晩婚化……82
5　法律婚と事実婚……84
6　「おめでた婚」と婚外子……87
7　結婚で人は幸せになれるか……90
8　結婚制度の終焉……92

第5章　出産と子育て……97
1　女性の社会進出と少子化……98
2　出産と就業……100
3　「出産退職、再就職」の理想と現実……105
4　育児支援と雇用制度……108
5　マミー・トラック……110
6　男性の育児……114

7 保育所 116

第6章 性別分業 121

1 日本の性別分業 122
2 主婦が家事を創り出した高度経済成長期 124
3 家事労働の経済学 128
4 労働の抽象化によってみえなくなったもの 131
5 性別分業を生み出す三つの要因 135
6 性別分業の経済構造 137

第7章 正規労働者と非正規労働者 143

1 正規・非正規格差とジェンダー格差 144
2 非正規労働者とは 147
3 増える非正規労働者 150
4 性別分業と正規・非正規労働 152

5　「派遣村」の不思議……155
6　非正規雇用の何が問題か……157
7　教育訓練……159
8　正規・非正規格差は正当か……162
9　同一労働・同一賃金……167

第8章　日本的雇用制度と女性差別――171

1　終身雇用慣行と女性の活躍……172
2　日本的雇用制度の特徴……175
3　日本的雇用制度の経済合理性……179
4　日本的雇用制度の差別性……182
5　統計的差別の理論……185
6　就職差別が容認される理由……187
7　女性差別の経済構造……189

第9章　日本が変わるために　195

1　ジェンダー平等──目的か手段か　196
2　ジェンダー平等化政策の三つの柱　199
3　ワーク・ライフ・バランス施策　200
4　男女均等化施策　208
5　企業の雇用情報開示　213
6　ローマは一日にしてならず　216

参考文献　219
索　引　巻末

第1章

男らしさ・女らしさ

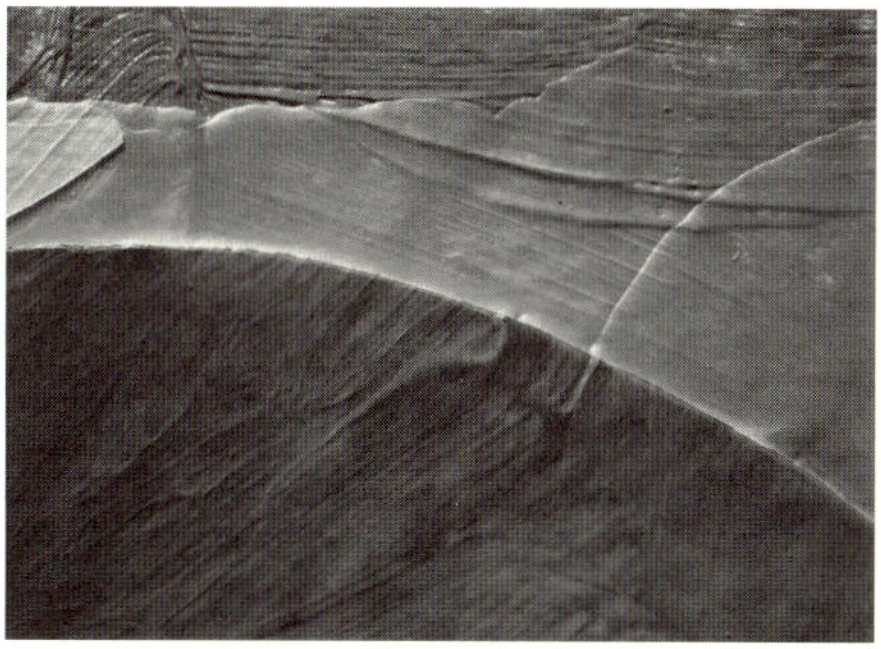

1 ジェンダー

まず、本書のタイトルになっているジェンダー（gender）という言葉について述べよう。ジェンダーとは性のことである。しかし、あえて「性」という言葉を使わずに「ジェンダー」を使っているのは、ジェンダーが社会的・文化的につくられた性を意味すると同時に、男性・女性ではとらえきれない多様な性をも意味する言葉だからである。

英語には性を表わす言葉として、ジェンダーともう一つセックス（sex）がある。もともと、人間を含む生物の性を意味する言葉としては、セックスが使われていた。ジェンダーは、本来、言語学の用語だった。日本語や英語にはないが、ヨーロッパやアフリカの言語には、男性名詞、女性名詞、中性名詞など、名詞に性のあるものが珍しくない。これは、生物学的な性とは別の概念であり、同じ意味の単語でも、言語が異なればジェンダーが異なることがある。たとえば「太陽」は、ドイツ語では女性名詞 Sonne、フランス語では男性名詞 soleil である。

ある言葉が男性名詞か女性名詞かは、その言葉を使う民族がその名詞をどのように感じているかと無縁ではない。逆にいえば、人々がもっている男性や女性のイメージとかかわっている。日本語の名詞にジェンダーはないが、日本神話では天照大御神《あまてらすおおみかみ》が女性だったことから、太陽は女性的なもの、あるいは女性は太陽に象徴されるものだったようである。平塚らいてうが『青鞜』創刊号で「原始、女性は実に太陽であった」と書いたのも、こうした古代の女性観を念頭においてのことであろう(1)。

さて、ジェンダーという言葉は、一九六〇年代以降フェミニズム運動の広がりとともに普及した。当時はどこの国でも、経済的、社会的、政治的に活躍する女性は少なかった。経済が豊かになるとともに、男性一人の給料で家族が養えるようになり、女性は家庭に入っていったからである。裕福な家庭の妻は仕事をしない傾向があったため、女性は仕事をせずに家庭にいるのが幸せという意識が広がった。やがてそれは、女性は生まれつき家事や育児に向いているという固定観念となった。

闘争心、統率力、決断力などは男らしさの、優しさ、手先の器用さ、従順さなどは女らしさの特徴とみなされ、「男は仕事、女は家庭」という分業は生物学的な属性に基づく自然な分業形態とみなされた。それに疑問を唱えたのがフェミニストたちである。男らしさや女らしさなどは文化的につくられた性差であり、生まれつきの性差ではない。それが証拠に、国や地域や時代によって、男らしさや女らしさは異なるし、経済、社会、文化における性差も異なる。こうした社会的・文化的につくられた性差を表わす言葉としてジェンダーが使用されるようになった。

2 性の多様性

「ジェンダー」を人間の属性を表わす言葉として初めて用いたのは、アメリカの性科学者ジョン・マネーである(2)。彼は一九五〇年代、ジョンズ・ホプキンス大学で半陰陽の研究をしていた。半陰陽とは、染色体、性腺、内性器、外性器などが典型的な男性や女性と異なるために、身体的な性別を男性または女性として単純に分類できない状態のことである。両性具有、性分化疾患、インターセックスなどと呼ばれることもある。彼が一九五五年に発表した半陰陽に関する論文のなかで、「ジェンダー」が人間の属性を表わす言葉として初めて用いられている。

マネーは、多くの半陰陽者と接するうちに、既存の性の概念に疑問をもつようになった。そこで、新しい性の概念を表わす言葉として、セックスに代えてジェンダーを用いたのである。マネーの研究に対しては批判もあるが(3)、彼のジェンダー概念には含蓄がある。

マネーのジェンダー概念の特徴は二つある。一つは、ジェンダーは多次元かつ連続的であるということである。ジェンダーは、染色体、性腺、内性器、外性器、性ホルモン、セクシュアリティ、性衝動、性自認、性役割など多様な属性からなっている。それは、男と女に二分できるものではなく連続的な概念である。「現実というものは、想像上の絶対的な二つのものの間に広がっているスペクトル上にある、測ることのできないわずかな変化からなりたっていることを誰でも知っているが、それでも二極論は便利なものなので使われやすい」と彼はいう(4)。

確かに男女二分法は便利である。しかし、その便利さが性的マイノリティーにとっては抑圧となる。半陰陽者は、子どものとき、自分の意思とは関係なく手術によっていずれかの性に決められてしまう。本人が成長してそのことを知ったとき、自分の性別を決めた大人たちの判断に納得するとは限らない。また、身体の性と心の性が一致していない性同一障害者は、アイデンティティーの確立に苦しみ、自殺に至ることすらあるといわれている。こうした事例を研究対象としてきたマネーが性の二分法に疑問をもったのは自然な成り行きといえよう。

マネーのジェンダー概念のもう一つの特徴は、性自認（自分の性をどのように認識しているか）と性役割（他人に対してどのような性として接しているか）を表裏一体のものとして捉えていることである。

性自認／役割（gender identity/role）：性自認は性役割を個人的に体験することであり、性役割は、性自認を公に対して表現することである。性自認は、人が男性、女性、もしくは曖昧な性（ambivalent）としてもっている個性の、いろいろな程度の統一性、一貫性、持続性であり、とくに、自己洞察と行動という経験を通して身につけられる。性役割は人が他人あるいは自分自身に対して、自分が男性、女性、もしくは曖昧な性のいずれかであることを表わすために示すあらゆる言動をいう。性的興奮や性反応を含むが、それだけには限らない(5)。

アイデンティティーが役割と表裏一体のものだというマネーの説は、日本社会の性役割を変えようという政府のスローガンがいつも掛け声倒れに終わるわけを教えてくれる。社会の性役割を変えるということは、一人ひとりのアイデンティティーを否定し、新たなアイデンティティーを構築しようという気が遠くなるような作業である。啓蒙活動で一朝一夕にできるものではない。

3 「女らしさ」への挑戦

「女らしさ」という固定観念に対する批判は一九六〇年代のアメリカで始まった。ジャーナリストのベティ・フリーダンは、『女らしさの神話（*The Feminine Mystique*）』[6]において、戦後のアメリカ社会は女性に女らしく生きることを強要し、結果として、女性を家庭のなかに閉じこめ、女性が社会で活躍する機会を奪っていると批判した。この本は、世界的ベストセラーとなり、彼女はフェミニズム運動の旗手となった。

フリーダンが、『女らしさの神話』のもととなる調査を開始したのは一九五〇年代後半である。当時は、第二次世界大戦の終了とともに疲弊した兵士が帰還し、彼らが平穏な家庭生活を夢見た時代である。戦時中には、兵役にとられた男性に代わって、社会のあらゆる分野に女性が進出したが、終戦とともにアメリカ社会全体が伝統的な性役割へと回帰した。戦後、女性の平均結婚年齢はどんどん下がり、ついには二〇歳を切るようになった。大学における女子学生比率は一九二〇年の四七％から一九五八年の三五％へと低下した。女子大学生の六〇％が「結婚のため」または「学問をすると結婚の邪魔になる」という理由で退学した。「第二次世界大戦後の一五年間に、アメリカは女性を女らしくさせることにやっきになった」とフリーダンはいう。

彼女は、独身時代にジャーナリストとして活躍していたが、結婚・出産後は専業主婦となった。しかし、専業主婦の生活から充実感が得られない自分に悩んだ末、フリーのジャーナリストとして仕事に復帰した。自分と同じ悩みをもつ女性が他にもいるのではないかとの思いから、母校のスミス女子大学の同期生二〇〇人にアンケート調査を行なった。その結果、理想の女性像を実現し、幸せな生活を送っているはずの専業主婦の多くが、現実の生活に満たされず、不安や不満をもっていることがわかった。彼女たちは、かつてのフリーダンと同じように、主婦の生活に満足できない自分を責め、悩んでいた。自分が主婦の生活に満足できないのは、女らしさが欠けているためではないか、学問がありすぎるためではないかと。

フリーダンは、多くの女性が主婦業に満足できないのは、彼女たちに女らしさが欠けているためでも、学歴が高すぎるためでもないと訴えた。問題は、アメリカ社会が作り上げた女らしさのイメージにあるのだ。

女性に女らしさを強要する最大の力はマスメディアだった。メディアは、一部の心理学者、社会学者、教育学者などの研究を取り上げ、母親の役割の重要性を強調した。アルコール依存症患者、統合失調症患者、性的不能者、同性愛者、自殺者、不感症の女性、その他「正常」でない人たちの生い立ちには、必ず問題のある母親が存在していたというのが、マスメディアが好んで取り上げるストーリーだった。母親業、主婦業に専念できない女性は、女らしさを欠いており、家族にとっても社会にとっても不幸なこととされた。

　このような風潮に科学的根拠を与えたとして、フリーダンはフロイト理論の追随者を糾弾する。彼女の批判は、フロイト自身よりも、二〇世紀初頭のウィーンの事例からつくられたフロイト理論を無批判に第二次世界大戦後のアメリカに適用するフロイト派精神分析学者に向けられた。二〇世紀半ばのアメリカ女性は、半世紀前の女性にはなかったいろいろな権利や自由や学問を享受している。半世紀前にフロイトが治療した女性とは大きく異なっている。にもかかわらず、フロイト理論は当時の女性が置かれていた環境と無関係に受け入れられ、アメリカ女性の自由を奪う扇動に利用されたと彼女はいう。

4 さまざまな性差

男らしさや女らしさの背景には、能力や嗜好や行動の性差がある。そして、それらの性差に社会環境が影響していることは疑いないが、すべてが歴史や文化の産物であるとはいえない。脳の構造の性差、性ホルモンの影響、遺伝の影響などが、能力や嗜好や行動の性差を生み出しているのも事実だ。能力や嗜好や行動にはどの程度の性差があるのだろうか、そしてその差の原因は何なのだろうか。

認知能力

認知能力は一つの能力ではなく、さまざまな能力の集合体である。認知能力の性差の測定には、効果量という概念を使うことが多い。効果量とは男性の平均値から女性の平均値を引いて、男女全体の標準偏差で割ったものである。男性の平均値から女性の平均値を引いているので、女性のほうが男性より平均値が高ければ、効果量はマイナスになる。この値の絶対値が〇・二以下だとほとんど格差はなく、〇・八以上だと格差が大きいとされる。ちなみに、日本の時間あたり賃金（対数値）の効果量は〇・九三、月給（対数値）の効果量は〇・九八である。(7)

男性は空間認識能力に優れているといわれるが、同じ空間認識能力でもさらに細かくみると違いがある。性差が最も大きいのが「心的回転」といわれる能力で、効果量は〇・五から一・〇の間にある。心的回転とは、立体図形を頭のなかで回転させて理解する能力で、地図を読むときにはこの能力が役立つとされている。

それに対し、「空間視覚化」の効果量は〇・一で、ほとんど性差がない。空間視覚化とは、物体の一部を折り曲げたり組み合わせたりしたときにどうなるかを想像する能力である。たとえば模様の入った立方体の展開図をみせて、それを組み立てたとき、模様がどの面に位置するかを答えるようなテストで計測する。

言語能力は女性のほうが高いとされるが、空間認識能力同様、さらに細かく分類できる。言語能力のなかでは、「言語流暢性」の効果量がマイナス〇・三からマイナス〇・六で性差が最も大きい。言語流暢性とは、たとえばｂで始まる単語をいくつ書けるか、「丸い」を意味する単語をいくつ書けるかをテストして計測する。「語彙力」（効果量マイナス〇・〇二）や「読解力」（同マイナス〇・〇三）ではほとんど差がない。

男性が心的回転能力に秀でているのは、石器時代において男性が狩りをしていたことのなごりだという説がある。地理的な位置把握能力たる心的回転能力がなければ狩りはできないからである。その一方で、性差は育ったときの生活環境の産物だという説もある。それによると、男の子は外で遊ぶことが多いので、成長とともに心的回転能力が形成されたにすぎない。

女性の言語流暢性が優れていることについては、女性は言語を使うとき右脳と左脳を同時に使うことができるが、男性は左脳だけを使っているとする説がある。女性は左右の脳を使うことで、言語能力が高くなるが、男性は脳の機能が異なるのでそれができないという。ただし、脳の構造や機能の性差については、研究途上であり、はっきりわかってないことが多い。これらの説についても、現状では仮説の域を出ていない。

子どもの行動

子どもの行動の性差についても、興味深い事実が報告されている(8)。たとえば、一歳児にビデオを見せると、男の子はしゃべっている人間よりも自動車のほうに強い興味を示すことが多いが、女の子はその逆だという。このことは、まだ、自分の性別についてすら認識がない小さな子どもでも、行動パターンに性差があることを意味する。そして、技術者には男性が多く、看護師や保育士などのケア労働者には女性が多いことが、生得的資質に基づいている可能性を示唆している。

別の研究によると、子どもの遊びを観察すると、男の子は争いを起こす回数が女の子の五〇倍も多く、女の子は物事を交代で行うことが男の子の二〇倍も多い。また、会話をしているときでも、男の子は相手の言葉を遮ろうとすることが多いのに対し、女の子は相手の言葉にすぐに同意をする頻度が男の子より高いという。一般に、男性は競争心が強いのに対し、女性は相手の気持ちを理解する能力に秀でているといわれるが、これらの研究は、そのような性差が子どもの頃からあることを示している。

幼い子どもの行動の性差は、生得的要因を捉えている可能性が高いとされる。それは、幼い子どもは、まだ、幼稚園や学校での集団生活をしていないために、社会環境の影響は小さいと考えられるからである。ただし、親は子どもに対し、男の子または女の子として接しているのであるから、まったく社会から隔離された純粋培養の子どもというのはありえない。

子どもの行動の性差について、生得的要因を強く支持している事実に、次のものがある。[9] 先天性副腎過形成症（ＣＡＨ）は男性ホルモンの一種であるアンドロゲン濃度が異常に高くなる病気だが、この病気に罹った女の子は遊びの傾向が男の子に近くなることが確認されている。ＣＡＨ

の子は、産まれて間もなく治療を受け、通常の女の子とアンドロゲン濃度が変わらなくなるため、行動の違いは、母親の胎内にいるときの影響であると解釈されている。ある研究によると、CAHの女の子が乗用車やトラックのおもちゃで遊ぶ確率は四三%である。これは、通常の男の子の確率七六%よりは低いが、通常の女の子の確率四%よりははるかに高い。

リスク回避

大人の経済行動でも、男女でかなり違いがあることが明らかになっている。典型的な例はリスクに対する態度である。たとえば、五〇%の確率で二万円が手に入るが、五〇%の確率で何も得られない宝くじをもらうのと、一万円の現金をもらうのとでは、どちらがいいだろうか。期待値はいずれも一万円で同じである。多くの人は、確実に一万円が手に入るほうを選択する。では、同じ宝くじと九〇〇〇円の現金ならどちらがいいだろうか、八〇〇〇円ならどうだろうか……。このようなアンケートを繰り返すと、五〇%の確率で二万円が当たるくじに対し、個人がどれくらいの価値をつけるかがわかる。くじに低い価値をつける人ほどリスク回避的であるとされる。多くの研究は、女性のほうが男性よりリスク回避的であるという結論を導いている(10)。

このような実験結果は、私たちの直感とも一致する。ギャンブルをするのは圧倒的に男性が多いし、肉体的な危険を伴う仕事をするのも、健康を顧みないで仕事にのめりこむのも男性が多い。

リスク回避的であることは、安定した家庭生活を営むには適しているが、あまりにリスク回避的な態度は、ビジネスの世界ではマイナスである。失敗を恐れて挑戦的な仕事ができないからである。企業、とくに大企業は、多くの従業員からなっているため、一人ひとりは、失敗したり成功したりしながら、全体として利益が上がればよい。したがって、企業は失敗を恐れずに挑戦する人材を求める傾向がある。また、管理職になれば、部下に対しては失敗を恐れずに仕事をさせ、もし失敗したときの責任は自分がとるという姿勢が求められる。リスク回避度の高い人には、このような態度がなかなかとれない。

ただし、個人のリスク回避度に明らかな性差があるからといって、すべてが生得的なものであるとはいえない。職場で、ある程度のリスクを冒してチャレンジするよう教育訓練を受ければ、リスク回避度は低くなるし、その逆もありうる。リスク回避度がどの程度まで生得的に決まるのかは明らかではない。

競　争　心

女性に管理職が少ない理由として、男性と比べて女性は他人と競争するのが好きではないという説がある。本当に女性は男性より競争を好まないのだろうか。

筆者は、大阪大学の大竹文雄教授らとともに、高校生と大学生を対象に、男女で競争志向に差があるかどうかを実験した(11)。実験では、被験者がそれぞれ一台のパソコンの前に座り、画面に現われる迷路をキーボードの矢印キーを使って解く。一つの迷路が解けると自動的に次の迷路が現われる。五分間で何個解けるかによって、報酬が決まる。

報酬には二種類あり、被験者は自分の好きな報酬制度を選べる。一つは、自分の解いた迷路の数に比例して報酬が支払われる「出来高制度」、もう一つはランダムに選ばれた他の三人と競争して、自分が一位になった場合には自分の「出来高」の四倍の報酬が支払われるが、二位以下になった場合はまったく報酬が支払われない「競争的報酬制度」である。

男性と女性で「競争的報酬制度」を選ぶ割合に差はあるだろうか。実験の結果、驚くほど大きな性差があることがわかった。高校生(男性四一人、女性九四人)の場合、男性の六一・〇%が競争的報酬制度を選んだのに対し、女性は二三・四%しか競争的報酬制度を選ばなかった。大学生(男女七四人ずつ)では、競争的報酬制度を選んだ男性は六四・九%だったのに対し、女性は二九・七%にすぎなかった。いずれの場合も、男性は女性の倍以上の確率で競争的報酬制度を選択した。

同様の実験は、アメリカ、タンザニア、インド、イギリスなどでも行なわれているが、ほとんどの実験では、競争的報酬制度を選ぶ男性の割合が、女性と比べて有意に高いという結果を得ている。つまり、ほとんどの社会では男性のほうが女性より競争好きであることがわかる(12)。

ただし、例外が二つある。一つは、タンザニアのマサイ族とインドのカシ族で同じような実験（ただし、迷路を解くのではなくボールを投げて籠に入れる）をしたものである。タンザニアのマサイ族は典型的な男尊女卑社会で、女性より家畜のほうが大切にされるといわれている。それに対し、インドのカシ族は母系制社会で、家族の資産は女性が相続し、家庭内の重要な決定は女性が行なうという。実験の結果、マサイ族では、先進国での実験と同様、競争的報酬制度を選択する人の割合は男性のほうが女性の二倍ほどが高かったが、カシ族では逆に女性のほうがやや多く競争的報酬制度を選択した。このことは、社会環境が変われば男女の競争志向も変わることを示している。

もう一つは、イギリスの高校生を使った実験である。男子高校、女子高校、共学高校それぞれ二校ずつから高校生三〇〇人近くを集めて、私たちと同様の実験を行なった。その結果、共学高校の女子生徒は、男子生徒より競争的報酬制度を選択する割合が低かったが、女子高校の生徒は、共学高校の男子生徒と同じくらいの割合で競争的報酬制度を選択した。このことは、共学高校か女子高校かという環境の違いが競争志向に影響を及ぼしている可能性を示唆している。この実験を行なった研究者は、共学高校の女子生徒は普段から、男子同級生に競争的な態度をみせることを遠慮しているが、女子高校の生徒は男子に気を遣う必要がないことが、このような結果になった可能性があるとしている。[13]

5 進化心理学

これまでの研究の結果から、人間の心理や行動の性差は、生得的要因と環境的要因の相互作用によって形成され、性ホルモンの刺激によって拡大・縮小することが明らかになっている。では、性差の生得的要因はどのように決定されるのだろうか。近年、進化論の視点から行動の性差の生得的要因を説明しようという研究が進んでいる。それが、進化心理学である。[14]

進化心理学は、種はランダムに突然変異を起こし、親とは異なった属性をもった子が生まれるというダーウィンの進化論に依拠している。突然変異により親と異なった属性をもってしまった子の大半は、生き残ることができないが、ごく稀に親よりも環境に適していることがある。そのような属性をもった個体は多くの子孫を残すことができ、やがて種全体がそのような属性をもった個体で占められるようになる。こうして生物は、気候変動のような環境変化にも対応して子孫を残すことができるのである。

たとえば、生まれて初めてヘビをみた子どもでも、たいていヘビが怖いと感じる。これは、かつて人間は毒ヘビがたくさんいる環境に生活しており、ヘビが怖いと感じる遺伝的特徴を受け継いだ人間のほうがそのような環境に適応しやすかったからである。現在の都市住民にとっては、ヘビへの恐怖感は生きていくうえで必要ないが、何万年もかけて形成されたヘビへの恐怖感は、一世代や二世代では消えないというのが進化心理学の考え方である。

さて、進化心理学はどのように男らしさ・女らしさを説明するのだろうか。進化心理学の基本的考え方は、私たちの行動を規定する心は、長い進化の過程で形成されてきたということである。心の動きは脳の機能によってつくられるから、環境に適応できる機能をもった脳が選択されてきたといえる。行動や心理の性差を考えるうえで進化心理学が重視するのは、人類がこれまでどのような配偶システムをとってきたのかということである。配偶システムが重要なのは、それによってオスの行動パターンが大きく異なるからだ。一夫一婦制であれば、原則としてすべてのオスがメスを得ることができる。しかし、一夫多妻制であれば、オスはメスをめぐって闘わなければならない。

人類がこれまでどのような配偶関係をとってきたかを推測する方法は主に二つある。一つは、男女の身体の大きさを比較することである。一夫多妻制の動物は、オス同士がメスをめぐって争うため、オスは身体の大きいほうが争いに勝つ確率が高く、子孫を残しやすい。その結果、オスのほうがメスより身体が大きくなる。霊長類のなかでは、ゴリラが一夫多妻であるため、メスをめぐって激しく争う。そのため、オスの身体はメスの一・八倍ある。霊長類以外でも、ゾウアザラシは典型的な一夫多妻で、繁殖期には一頭のオスが数十頭のメスと交配する。ゾウアザラシのオスは体重がメスの四倍以上もある。

一般に一夫多妻の傾向が強い動物ほど、メスと比べてオスの体が大きいという法則を利用すれば、人類がかつてどのような配偶システムをもっていたかが推測できる。男性の体重は女性のおよそ一・一倍で、ゴリラ、チンパンジー、オランウータンなどの類人猿と比べると、男女差が最も小さい。とはいえ、男性のほうが女性より大きいことから、人類は緩やかな一夫多妻制の歴史が長かったのではないかと予想される。

もう一つは、西洋の影響を受ける前の社会におけるヒトの配偶システムを調査することである。

それによると、八割以上の文化が一夫多妻制をもっていた。ただし、男女比はほぼ半々だから、一夫多妻制とはいえ、多くの妻をもてる男性は限られていた。極端な一夫多妻制は男性間の対立を強め、社会を不安定にさせるから、ほとんどの男性には一人の妻しかいなかった。つまり、緩やかな一夫多妻制が未開社会の典型的な婚姻制度だったのである。

人類の歴史のほとんどの期間、男性は女性をめぐって争い、それに勝った者が子孫を残してきたとすれば、現代社会においても男性のほうが攻撃的で、競争好きで、浮気っぽいことの説明がつく。

男性が女性より競争好きで、リスクをとることを厭わない理由として、進化心理学は二つの仮説を提起している。いずれもオス同士の争いに勝たなければオスは子どもを残せないからという論理である。そのうちの一つは、子どもの生存に対するオスとメスの投資量の違いに着目する。哺乳類のメスは一般に、妊娠、授乳、養育という形で、子どもに多くの時間やエネルギーを費やす。これを親の子に対する投資と呼ぶ。このような動物のオスは、優れたメスを慎重に選ぶよりも、どのようなメスでもいいからより多くのメスと関係をもつことに精力を注ぐほうがより多くの子孫を残せる。したがって、オス同士の争いが起こる。そこで、リスクを冒すことができないオスは、オス同士の争いに勝つことができず、そのような遺伝的特徴は次第に減っていく。一方、メスは自分の子どもに多くの投資をするために、オスを慎重に選ぶ。精子の提供者は健康で生命力豊かでなければならない。また、メスは自分が死ねば子どもも生き残れないため、危険は冒さない。

子どもに多く投資する性はより慎重に相手を選び、子どもにあまり投資をしない性は配偶者をめぐって同性間で競争するという仮説は、オスとメスが入れ換わっても成立することがある。たとえば、ヒレアシシギというシギの仲間は、オスが卵を抱き、メスよりもオスが子どもの生存に多くを投資するが、ヒレアシシギはメスがオスをめぐって争う。

もう一つの仮説は、潜在的繁殖率の性差がオスとメスの競争やリスクに対する態度を決定するというものである。オスとメスのうち、潜在的に多くの子どもを残せるほうの性が、異性をめぐって競争を行なう。ヒトの場合、女性は月に一回しか排卵がなく、一度妊娠すると一〇カ月は妊娠できない。それに対し、男性は毎秒三〇〇〇個の精子を生産し、一日に何回もセックスすることができる。潜在的に多くの子どもを残せる男性は、多くの女性と関係をもつことが多くの子どもを残すための最適戦略である。こうして、限られたメスを求めて男性同士で競争が発生する。リスクを冒さないオスは競争に勝つことはできない。

6 俗流進化心理学

以上のような進化心理学の説明は、あくまで仮説であって証明されているわけではない。少し意地悪な言い方をすれば、事実を説明するそれらしい物語をつくっているにすぎない。たとえば、先にあげたヘビの例がそうである。ヘビを怖がる人が多いのは、かつて毒ヘビがたくさんいた時代にヘビを怖がる人たちが生き残る確率が高かったからだという説明にはいくらでも反論が可能である。ヘビを怖がらない人もいるのはなぜか、毒をもっていないヘビまで怖がる必要はないのではないか、ヘビを怖がらない人のほうが自然のなかで勇敢に行動できるのではないか、等々。心理的特徴が遺伝することを厳密に証明するためには、どの遺伝子がどのような心理的特徴をもたらしているのかを明らかにしなければならない。

また、性差の進化心理学的な説明には、誤った解釈も散見される。たとえば、男らしさ・女らしさは、人類の進化の過程で選択されてきたものだから、社会規範に男女の違いがあるのが当然で、それを無理やり解消しようとするのは誤りであるという主張である。このような主張は進化心理学に対する二つの誤解から生じている。

まず、進化の過程で選択された思考パターンや行動パターンは、倫理観とはまったく関係ないということである。進化論は、環境に適した属性、言い換えれば、自分の子どもを多く残せる属性が遺伝的情報として子孫に受け継がれることを主張しているにすぎない。それが倫理的に正しいか、社会的に望ましいかという判断とはまったく関係ないのである。人間社会では、子孫を多く残すことが最も重要な目的ではないし、子どもを多く残すことの重要性は近年ますます低下している。リスクを冒す男性やリスクを回避する女性が進化の過程で選択されたからといって、私たちがそうすべきであるという理由にはならない。

次に、進化は非常に長い時間をかけてゆっくりと進むということである。したがって、人類が誕生する前や文明が始まる前の環境に適した行動パターンや思考パターンが、現在の私たちの行動を左右しているのである。哺乳類が誕生して二億年、人類（ホモ属）が誕生して二〇〇万年、この間、人類は徐々に進化を遂げてきた。農耕が始まったのは一万年から一万五〇〇〇年前、イギリスで産業革命が起こり、工業が発達しはじめたのは二五〇年ほど前である。長い人類の歴史からすれば産業社会はほんの一瞬である。しかし、産業革命以降の環境変化は目まぐるしく、何万年もかけてゆっくり変化してきた生活環境が二五〇年の間に激変した。

したがって、生得的行動パターンや思考パターンの多くは、狩猟採集社会に獲得されたものであり、それが現在の社会生活に適しているとは限らない。むしろその桎梏《しっこく》となっていることも多い。多くの女性と関係をもとうとする男性は、平穏な家庭生活を送ることができないし、不倫やセクハラが原因で人生を誤ることもある。あまりにリスク回避的な女性は、リスクを冒して挑戦的な仕事をすることができない。男らしさ・女らしさは、その一部が生得的要因に規定されたものであっても、それを肯定する理由にはならないのである。

・注

（1）堀場清子編［一九九一］。ちなみに、この文の少し後には「今、女性は月である。他に依って生き、他の光に依って輝く、病人のような蒼白い顔の月である」という文が続く。

（2）Money［1995］参照。

（3）マネーが自分の理論を支持する重要な証拠とした一卵性双生児の事例が、事実に反するものだった。コラピント［二〇〇五］参照。

（4）マネー＝タッカー［一九七九］、二四-二五ページ。

（5）Money［1995］, p. 25.

(6) 邦訳タイトルは『新しい女性の創造』である(フリーダン［二〇〇四］)。本節の記述の多くは本書によっている。
(7) 「賃金構造基本統計調査 平成二二年」より計算した。
(8) 以下、バロン-コーエン［二〇〇五］参照。
(9) 以下、Berenbaum and Resnick［2007］参照。
(10) 川口［二〇一二］は二〇〇五年以降に出版されたリスク回避の性差に関する二三の研究を紹介している。そのうち、女性のほうがリスク回避的であるとする研究が一七と圧倒的に多く、逆に男性のほうがリスク回避的であるとする研究は二つしかない。
(11) この実験は、大竹文雄(大阪大学)、奥平寛子(岡山大学)、木成勇介(九州大学)、水谷徳子(家計経済研究所)の各氏との共同研究である。現在、実験結果を用いた論文を執筆中である。
(12) 競争志向の性差に関する一連の研究については、川口［二〇一二］が詳しく紹介している。
(13) ただし、女子高校の生徒のほうが男女共学高校の女子生徒より競争的報酬を選ぶという結果は、一般的なものではない。私たちが高校生を被験者として行った実験では、女子高校の生徒と共学高校の女子生徒で競争的報酬制度選択確率に有意な差はなかった。
(14) 以下の記述は、カートライト［二〇〇五］を参照している。

第2章

教育

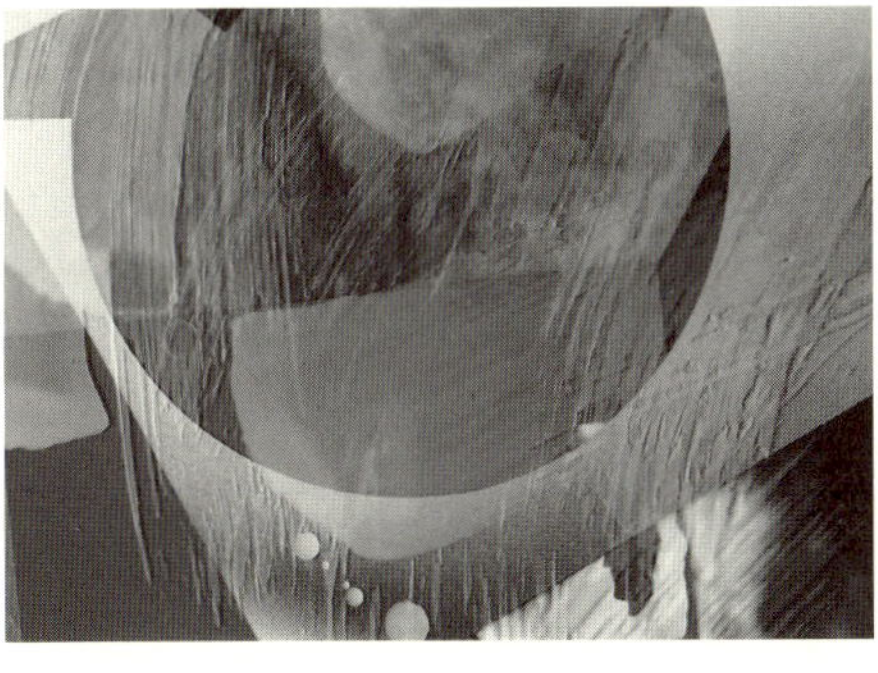

1 教育とジェンダー格差

教育とジェンダーに関する研究の多くは、教育が性別分業やジェンダー格差を発生させ、維持する装置となっているとして厳しく批判している。江戸時代になって普及した大衆教育には、社会秩序を保ち、支配階級が大衆を平和的に支配しようという意図があった。当時は社会制度の基盤が家制度であったから、ジェンダー秩序の重要性が説かれたのも当然といえる。また、現在でも大学進学率や学部・学科の専攻にはジェンダー格差があり、それが所得格差の一因となっている。

しかし、一方で教育は、性役割についての固定観念を変えたり、ジェンダー格差を解消する力ももっており、事実、そうした教育をめざしている人たちも少なくない。要は誰に何を教えるかが重要であり、それによって教育はジェンダー格差の拡大にも解消にも作用するのである。

教育がジェンダー格差を生み出す経路について、重要なものを二つあげておこう。一つは、就学機会のジェンダー格差である。教育は、支配階級にとっては、社会を安定させる手段であるが、個人にとっては、職業生活に必要な知識や技能を身につける手段である。教育を受ける機会の差は、経済的、社会的な地位の差を生み出す。

教育が大衆化しはじめた江戸時代から今日にいたるまで、女子の就学機会は常に男子を下回っていた。江戸時代中期になって各藩は学校（藩校）を設立し、藩士やその子弟の教育に力を入れはじめたが、生徒はすべて男子だった。藩の優秀な官吏を養成するのが藩校の目的であり、官吏は男性だったからである。貝原益軒は「女子を教ゆる法」の冒頭で、男子は外に出て師に従って学ぶことができるが、女子は家から出ることがないので親がしっかり教育しなければならないと述べた。このことからも、当時の女子の教育は学校ではなく家で行なわれていたことがわかる。もちろん、そのような教育の機会は高い身分の子どもに限られていたことはいうまでもない(1)。

明治になって、女子の初等・中等教育は徐々に拡充していったが、大学は原則として女性には門戸が開かれておらず、例外的にごく少数の女性が入学を許されたにすぎなかった。戦前の大学は数も少なく、一部の選ばれた者だけが入れるエリート養成機関だったが、そのエリートは男性に限られていた。

戦後の民主化の過程で、大学は女性にも門戸を開放した。しかし、短期大学が設立されると、多くの女性は大学よりも短期大学を選択し、「男子は大学、女子は短大」という教育の格差が定着した。一九九〇年代になって女性の大学進学率が急上昇し、一九九五年に短大進学率を追い越したが、今でも男女の大学進学率には一〇ポイントほどの開きがある。

教育がジェンダー格差を生み出すもう一つの要因は、教育内容の偏りである。江戸時代には、家制度のもとで「男は外、女は内」という厳格な性別分業があったため、それに応じた教育がなされた。読み書き算数などの基本は男女とも教えられたが、商家の男子には『商売往来』、農家の男子には『百姓往来』など、職業に必要な文字や知識を教えたのに対し、女子には『女大学宝箱』『女子訓』『源氏物語』など、躾《しつけ》や文学に関する教育が中心だった。

家制度と性役割規範に基づく教育は、明治以降も形を変えながら続いた。さらに、家制度が廃止された第二次世界大戦後も、日本が国連の男女差別撤廃条約を批准する一九八〇年代まで、中学校の技術・家庭科のカリキュラムは男女別に編成されていた。男子は木材加工、金属加工、電気、機械などに関する学習が中心で、女子は家族の世話、衣や食に関する学習などが中心だった。まさに、「男は仕事、女は家庭」という性別分業がそのままカリキュラムになっていたのである。

このような性別分業を前提としたカリキュラムのジェンダー・バイアスは、現在ではなくなったが、大学の学部学科の男女比率には今も大きな偏りがある。表2-1は、学部ごとの男女別学

▨ 表2-1　大学の関係学科別学部学生数

学　部	計	女　性	男　性	女性の割合（%）
人文科学	379,367	249,994	129,373	65.9
社会科学	862,027	285,864	576,163	33.2
理　学	80,999	21,151	59,848	26.1
工　学	390,610	45,727	344,883	11.7
農　学	75,741	32,425	43,316	42.8
保　健（計）	282,338	164,953	117,385	58.4
医　学	51,650	16,611	35,039	32.2
歯　学	15,196	5,800	9,396	38.2
薬　学	73,635	41,611	32,024	56.5
その他	141,857	100,931	40,926	71.1
家　政	70,269	63,273	6,996	90.0
教　育	178,427	105,126	73,301	58.9
芸　術	70,930	50,729	20,201	71.5
その他	170,535	82,478	88,057	48.4
計	2,561,243	1,101,720	1,459,523	43.0

データ出所：文部科学省「学校基本調査 平成24年」。
http://www.e-stat.go.jp/SG1/estat/NewList.do?tid=000001011528

生数と女性の割合をまとめたものである。男子の比率が高いのは工学（八八・三%）、理学（七三・九%）、医学（六七・八%）、社会科学（六六・八%）、歯学（六一・八%）などの学部であり、女子の比率が高いのは家政（九〇・〇%）、芸術（七一・五%）、保健（その他）（七一・一%）、人文科学（六五・九%）、教育（五八・九%）、薬学（五六・五%）などである。男子の比率が高い学部のうち、学生数が多い社会科学と工学はいずれも民間企業への就職率が高い学部であり、正規労働者として安定的な雇用を確保しやすいのに対し、女性比率が高い学部は、栄養士、看護師、薬剤師、教員などの資格が取れる学部が多い。また、女性の多い学部は家族の世話という伝統的性役割とも関連の深い学部であり、その意味で女らしい学問領域に女性が偏っている。

このようなジェンダーによる専攻の偏りは、大学が意図的に作り上げたものではなく、学生の自主的な選択の結果であるため、どう対処すべきかについては議論の分かれるところである。この点については、後でもう一度議論する。

2 『女大学』

戦国時代の宣教師ルイス・フロイスは、日本に三五年間滞在したが、その間、当時の日本社会を細かく観察し、ヨーロッパ社会との違いを記録に残している。なかには、ジェンダーにかかわる記録もあり、なかなか興味深い(2)。

ヨーロッパでは娘や処女を閉じ込めておくことはきわめて大事なことで、厳格におこなわれている。日本では娘たちは両親にことわりもしないで一日でも幾日でも、ひとりで好きな所へ出かける。

ヨーロッパでは妻は夫の許可がなくては、家から外へ出ない。日本の女性は夫に知らせず、好きな所に行く自由をもっている。

戦国時代には、ヨーロッパより日本の女性のほうが行動の自由をもっていたというのは驚きであるが、女性の自由は江戸時代になると急速に失われていった。士農工商の身分の固定化とともに、ジェンダー秩序や長幼の序が形成されていったからである。その社会秩序の形成に果たした教育の役割は決して小さくない。

教育が大衆化したのは徳川吉宗による享保の改革以降であるが、その江戸時代の女子教育に大きな影響を及ぼしたのが朱子学派の儒学者、貝原益軒である。貝原益軒といえば、健康、長寿の秘訣をまとめた『養生訓』が有名で、今でも健康に関する本や雑誌で引用されることが多い。

益軒が女子教育を論じたのは、一七一〇年、益軒八一歳のときの書『和俗童子訓』のなかの「女子を教ゆる法」である。(3) 益軒の女子教育論の要点は三つにまとめることができる。

一つは、女子は父、母、舅《しゅうと》、姑《しゅうとめ》、夫に対して従順であれということである。女子は、やがて他家に嫁ぎ、舅や夫に従わなければならないが、不徳では舅や夫に気に入られることができない。だから、小さいうちから礼儀作法を教えて、従順な女の子に育てよという。同様の主張は、言葉を変えて何度も繰り返されている。たとえば、女性には「三従の道」があるという。三従とは、「父の家にありては父に従い、夫の家にゆきては夫に従い、夫死しては子に従う」ことである。

もう一つは、「男は外、女は内」という性役割の強調である。「いにしえ、天子より以下、男は外をおさめ、女は内をおさむ」。つまり、昔から身分の高低にかかわらず、男は外の仕事を、女は内の仕事をしてきた、それが正しい男女の役割である。また女子には「織り・縫い」を習わせるべしとし、その昔、天照大御神《あまてらすおおみかみ》やその妹の稚日女尊《わかひるめのみこと》も自ら神衣《かんみそ》を織ったとされることを例にあげ、当時の裕福な家の婦人が、「織り・縫い」をしなくなったことを嘆いている。

さらに、女性が家の外で活動することを強く戒めている。女子は決して利口そうにして家の外のことにかかわってはならないとしている。つまり、家を代表するのは男性であり、女性が出しゃばるべきではないということである。

ただし、その一方で、読み書き算数は、家計の管理に重要な知識として、女子にもしっかり教えるべきだとしている。「女子も、物を正しくかき、算数をならうべし。物書き・算をしらざれば、家の事をしるし、財をはかる事あたわず」。

そして三つ目は、女子は自分自身の貞操を守らねばならないが、夫の女性関係に嫉妬してはならないということである。どんなに優れた女性であっても、不倫をするようであっては、その優れたところも見るに値しない。女子の不倫は離縁に値する。また、子どもの頃は性に関心をもたせないよう唄や本にも注意せよという。「戯《たわむ》れればみたる小うた、浄瑠璃本など見せしむる事なかれ。また、『伊勢物語』『源氏物語』など、其の詞《ことば》は風雅なれど、かようの淫俗の事をしるせるふみを、はやくみせしむべからず」。

その一方で、夫の不倫に対しては寛容であれと諭す。夫がもし不倫をした場合は、怒らず優しく謙虚な心もちでいさめるべきである。夫がいさめを聞かず怒ったら、しばらくいさめるのを止めて、夫の心が和らぐのを待っていさめよ。また、高貴な家では、妾をもって世継《よつぎ》を増やすことがあるが、妻が嫉妬していては子孫繁栄の妨げになるとも述べている。

つまり、益軒の女子教育論の要諦は、家長を中心とした家制度における自分の立場をしっかりわきまえなければならないというところにある。ここには教育がもっている支配装置としての側面が顕著にみられる。当時のジェンダー秩序をわきまえた女性を徳のある女性として讃え、そのような女性になることこそが幸せへの道であるという教えである。

益軒が「女子を教ゆる法」を上梓した一七一〇年といえば、宣教師ルイス・フロイスが、男性に従属せず性的に奔放な日本女性の振る舞いに驚いた戦国の世から一〇〇年あまりしか経っていない。徳川幕府のもとで、着実にジェンダー秩序が形成されていったことがわかる。

3 良妻賢母教育

現在の日本では、妊娠や出産を機に退職する女性が多い。それは、職業人よりも母としての役割を優先させるからである。日本には、育児は母親の役割とする社会規範があるが、そのような規範が生まれたのは、せいぜい明治以降であり、江戸時代にはなかった。

貝原益軒の「女子を教ゆる法」にも、子どもの躾や教育に関する母親の役割については、まったく言及されていない。それどころか、益軒は母親が子どもを過度に愛することを戒めている。（女性は）「子を愛すといえど、姑息《こそく》し、義方《ぎほう》のおしえをしらず、私愛ふかくして、かえりて子をそこなう」。「姑息」とは「その場しのぎ」のこと、また、「義方」とは、益軒教育論の基本理念の一つで、子どもの人間性を重んじて自然のうちに育てることが大切だが、わがままに育ててはならない、とする考え方である。つまり、益軒は、女性は教育の基本理念を知らないため、子どもを甘やかして、損なってしまうと考えていたようである。

当時は、教育や躾だけでなく、授乳をはじめとする子育て自体、必ずしも母親がすべきものとは考えられていなかった。上級武士や裕福な商家や農家では乳母《うば》を雇うことが珍しくなかった。料理や洗濯と同じく子どもの世話も、豊かな家の妻がするべきこととは考えられていなかったのである。

しかし、明治に入ると女子教育に対する考え方も大きく変わった。女性は父母や夫や舅に従順で、子どもさえ生めばいいという江戸時代の考え方から、しっかりと子どもを教育しなければならないという考え方に変わった。つまり、「良妻」から「良妻賢母」へと変わったのである。しかも、どちらかというと、妻よりも母としての女性の役割が強調されるようになった(4)。

一八七六年（明治九年）年に書かれた『文明論女大学』（土井光華著）は、母としての女性の役割の重要性を以下のように述べている。「婦人の子を生むは男子の兵役にして、その子を育つるは学校の教師なり。何れも婦人の身上においては大任にして、婦人の肝要なる箇条と云うべし」。つまり、女性が子を生むのは男性の兵役と同じ、子を育てるのは学校の教師と同じで、いずれも重要な女性の役割だとしている。

明治になって、母親としての女性の役割が強調されるようになった背景には、欧米思想の影響がある。当時の日本では、一刻も早く欧米先進国に追いつき「一等国」にならなければならないという、国民的合意が形成されつつあった。一等国になるためには、国民の教育水準を上げなければならない。欧米をみると、女性が家庭教育に重要な役割を果たしていたが、日本では、女性は重要な事柄には口出しすべきでなく、従順であるべきだという考えが支配的だった。こうした日本の女子教育の後進性を批判したのが、新しい女子教育論の始まりだった。

良妻賢母論は、当時、国が女子教育を推進する重要な理論的根拠となった。優秀な政治家、官僚、軍人、経済人を育てるには、母親が優秀でなければならない。そのためには、女子教育にもっと力を入れなければならない、という論法である（決して、女性を優秀な政治家、官僚、軍人、経済人に育てようという意図ではない）。このような主張は、女子教育に国民の血税を使う余裕はないという反対論を抑え、女子中等教育への道を開いた。一八九九年（明治三二年）年に高等女学校令が公布されると、全国各地に高等女学校が設立された(5)。

良妻賢母教育は、その後いくつかの転機を経て、現在では少なくとも中等・高等教育の理念としては存在価値を失っている。最初の転機は、大正時代にあった。平塚らいてうや与謝野晶子が、伝統的なジェンダー役割に疑問を呈し、婦人運動が始まった。また、ヨーロッパでは、第一次世界大戦時、兵役にとられた男性に代わり女性が労働者として活躍した。それが、わが国にも紹介され、妻や母としてだけでなく、労働力としての女性の役割が、認識されるようになったのも、この頃だった。

次の転機は第二次世界大戦後の民主化である。それまで、原則として男性しか入学を認めなかった大学が女性にも開放された。それによって、女性にも男性と同じ教育を受ける権利が保障されることになった。しかし、制度が変わっても人々の意識は急に変わるものではなく、戦前における女子専門学校の良妻賢母教育は、短期大学に継承された。短期大学は大学の教育との差別化を行なうために、保育士や幼稚園・小学校の教諭、栄養士などの養成とともに、良妻賢母教育に力を入れ、女子高等教育の受け皿として発展した(6)。

三度目の転機は、一九八〇年代以降に起きた社会変化である。産業構造の変化、男女雇用機会均等法の制定、晩婚化などの影響によって、民間企業における女性の就業機会が増えてきた。その結果、たとえ結婚後は専業主婦になるにしても、独身時代によい仕事に就いていることは、女性にとって重要なステイタスとなった。女子大学や短大も、良妻賢母を掲げて学生を獲得できる時代ではなくなった。俗に「良妻賢母系」と呼ばれる女子大や女子短大は存在するが、そのような女子大でも、就職率が低くては受験生を集めることができない。女子学生は、良妻賢母となる前に、まず就職というハードルを越えなければならない時代になったのである。

4 大学と短期大学

戦前は、原則として男性にしか入学が許されなかった大学であるが、戦後は女性にも門戸が開放された。しかし、当初、女性の大学進学率は非常に低く、ジェンダー格差はなかなか縮まらなかった。その理由の一つは、短期大学が多く設立され、女性の多くは大学ではなく短期大学へ進学したからである。

図2-1は、大学と短期大学への進学率の推移を男女別に描いたものである。一九五〇年代には、短期大学への進学率自体が非常に低かったことがわかる。短期大学の制度ができたのは一九五〇年であるが、当時の短期大学は暫定的な制度だった。旧制の高等学校や専門学校は新制大学として再編されるはずであったが、新制大学としての資格要件を満たしていない学校が多かったため、それらの学校の救済措置として短期大学制度をつくったのである。(7) ところが、女子高等教

図 2-1　男女別大学・短期大学進学率

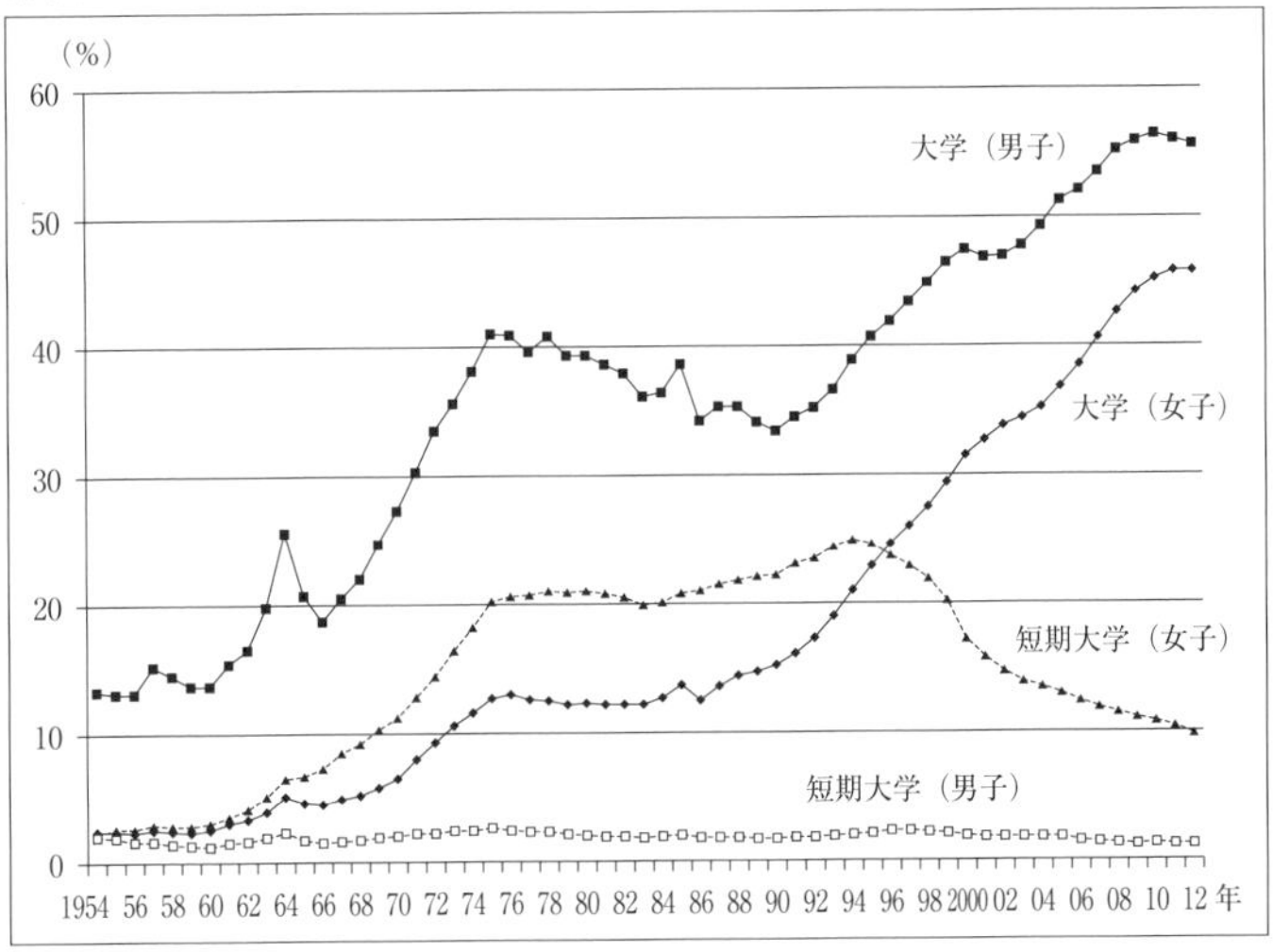

データ出所：文部科学省「学校基本調査　各年」。
http://www.e-stat.go.jp/SG1/estat/List.do?bid=000001015843&cycode=0

育の受け皿としての短大の重要性が増し、一九六四年に恒久的な制度へと生まれ変わったという経緯がある。

　一九六〇年代から七〇年代にかけて、女性の短大進学率は高まり、一九八〇年代末まで短大進学率は大学進学率の一・五倍を超えていた。当時は、「女子は短大で十分」という考えが一般的で、娘が大学へ行くと「婚期が遅れる」「学歴が高すぎると結婚相手が見つからない」と心配する親も少なくなかった。ところが、一九九〇年代半ば以降、短大から大学への急激なシフトが起こった。短大進学率は一九九五年の二四・九％をピークに低下しはじめ、二〇一二年には九・八％まで低下した。一方、大学進学率は二〇一二年に四五・八％と、短大進学率の四倍を超えた。

なぜ、一九九〇年代に短大から大学への急激なシフトが起こったのだろうか。最大の理由は、民間企業が次第に短大卒女性を採用しなくなり、大卒女性を採用するようになったことである。かつては、大卒女性の就職先といえば、公務員か教員だった。民間企業は短大卒を多く採用したが、大卒女性はほとんど採用しなかった。女性は二年余計に勉強しても、企業はそれをまったく評価しなかったのである。それが現在では、中規模以上の企業のほとんどが、毎年ではないにしても、大卒女性を採用している。

図2-2はそれを示している。高度経済成長の開始とともに、短大卒女性の就職率は上昇を続け、一九六九年には大卒女性を凌駕する。一九七〇年代から八〇年代半ばにかけては、短大卒の就職率が大卒の就職率を一〇ポイント程度上回っていた。ところが、その後は、徐々に差が縮まった。とくに、一九九〇年代初頭のバブル景気崩壊の影響で短大卒女性の就職率は大きく低下した。大卒女性の就職率も低下したとはいえ、短大卒女性の低下のほうが大きく、二〇〇〇年以降は就職率にほとんど差がなくなった。

では、なぜ企業の採用が短大から大卒にシフトしたのだろうか。二つの理由が考えられる。一つは、晩婚化、非婚化、晩産化により、結婚・出産退職の時期が遅くなったことである。たとえ

図2-2　大学・短期大学就職率（女性）

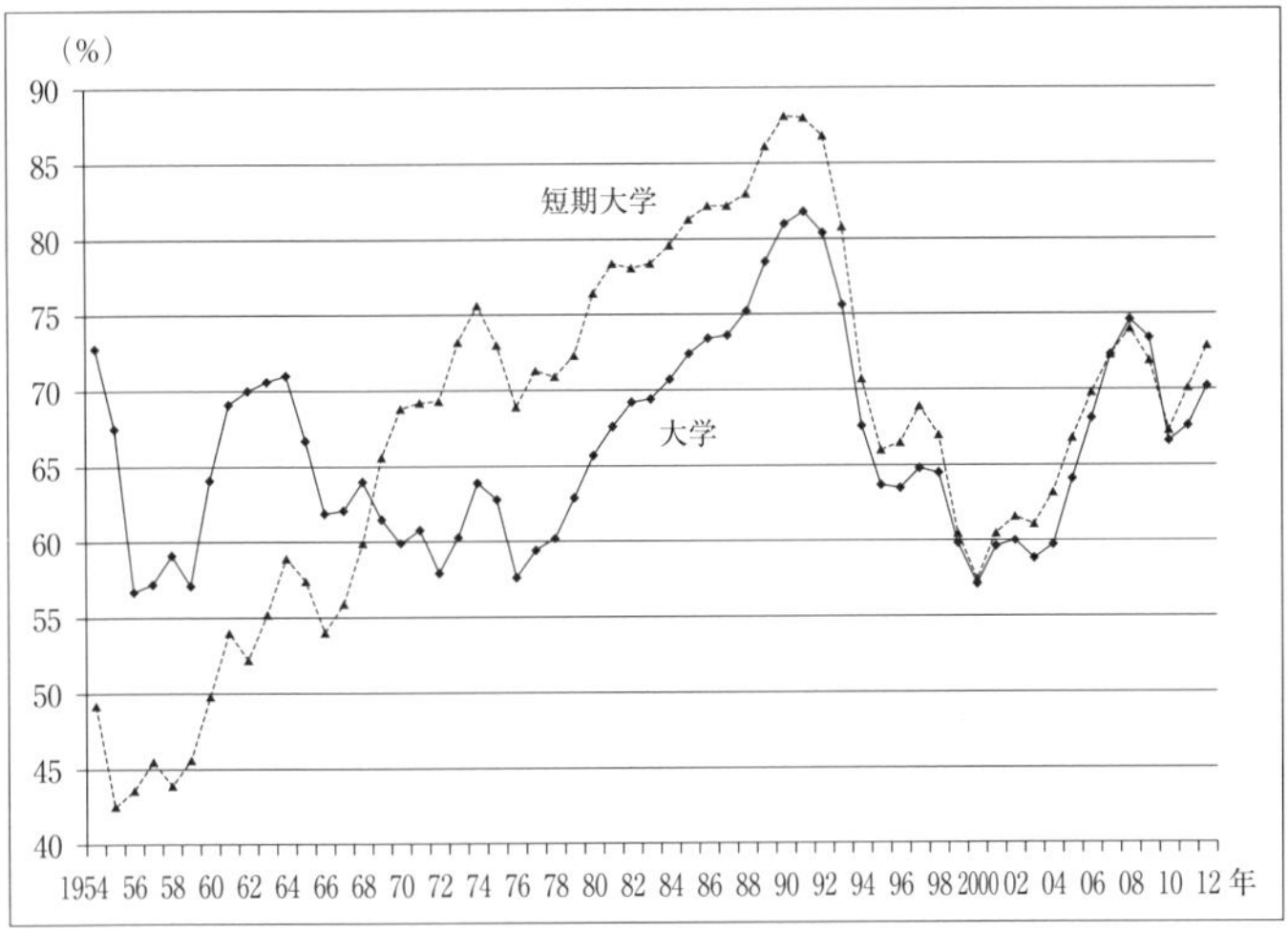

データ出所：文部科学省「学校基本調査 各年」。
http://www.e-stat.go.jp/SG1/estat/List.do?bid=000001015843&cycode=0

ば、二〇歳代後半の女性の未婚率は、一九八〇年には二四・〇%だったが、二〇一〇年には六〇・三%と三〇年間に三五・七ポイントも上昇している。三〇歳代前半でも同じ期間に九・一%から三四・五%へと二五・四ポイント上昇している。かつては、大卒を採用しても二〇歳代半ばで結婚・出産退職してしまう女性が多かったため、基幹的な仕事は任せられなかった。それなら若い短大卒のほうが賃金は低く、少しでも長期の勤続を期待できる。しかし、結婚・出産退職時期が遅くなったため、大卒女性に対して戦力としての期待が高まった。

もう一つは、知的労働者に対する需要の増加である。ＩＴ技術の進歩や経済のグローバル化などによって、ＩＴ技術を使いこなせる知的労働者に対する需要が高まった。その一方で、少子化のため優秀な大卒男性は縮小しつつある。そこで企業は、大卒女性に目を向けはじめたのである。大卒女性を大卒男性と同様に処遇する企業はまだ少ないが、大卒男性を補う労働者として、従来よりレベルの高い女性労働者を求めるようになった。

5 ジェンダー・バランスとポジティブ・アクション

表２-１が示しているように、理工系の学部には女性が非常に少ない。それを反映して、日本の研究者に占める女性の割合は一三・六％と、比較可能なデータが存在する先進国中最低である。(8)日本で理工系の学部に女性が少ない原因の一つに、研究環境の問題がある。理工系には実験がつきものである。一時間程度で終わる実験もあれば、何日もかかる実験もある。生き物を扱う実験では、動植物の世話をしなければならない。理工系は、ワーク・ライフ・バランス（仕事と生活の調和）が難しい研究分野である。

また、就職後の職場環境も問題である。研究開発部門や生産技術部門は男性が多く、他の部門以上に男社会である。家庭のことは気にせず仕事に没頭するのが当然という風土があり、毎日夜中まで仕事をしている部署も珍しくない。

さらに、女性にとってはロールモデル（行動や考え方の模範となる人物）がいないことも大きな問題である。身近に理工系の学生や理工系出身の女性がいないため、大学に行っても教員や同級生とうまくやっていけるのか、就職はできるのか、仕事と家庭生活は両立できるのかなど不安が尽きない。それまで女性がほとんどいなかった学部や職場では、まったく予期しない困難に出合う可能性もある。それよりも、将来像をイメージしやすい女性の多い学部、女性の多い職業を選ぶほうがリスクが小さいと考える女性が多いのも理解できる。

不平等な取り扱いを解消するためにとられる積極的な改善措置のことをポジティブ・アクションという。大学においては、理工系学部や理工系大学院に女性の学生、研究者、教員を増やそうとする試みが行なわれている。男女共同参画の推進という政府の方針を反映して、国立大学を中心にポジティブ・アクションは、いろいろな形で進んでいる。たとえば、幼い子をもつ研究者のために、実験補助者を雇用する予算を確保している大学も少なくない。五時以降の実験は研究補助者に任せて、自分は保育所に子どもを迎えに行ったり、保育所が閉まっている日曜日には実験動物へのえさやりを研究補助者に任せたりすることができる。また、大学内に託児所を設置している大学も増えている。付属病院のある大学では、病児保育を行なっていることも珍しくない。研究者の採用の際にも、ポジティブ・アクションが実施されている。たとえば、名古屋大学の研究者募集には、「名古屋大学は業績（研究業績、教育業績、社会的貢献、人物を含む）の評価において同等と認められた場合には、女性を積極的に採用します」と宣言している。甲乙つけがたい男女候補者がいたら、女性を優先的に採用するということである。

理工系学生の女性比率を高めるための取り組みも徐々に進んでいる。高校の女子生徒を対象に、模擬授業やワークショップを開く大学が増えている(9)。女子生徒に対して、理系学部に興味をもってもらおうという取り組みである。理系の才能のある女性が、ロールモデルがないために自分の将来の姿を描けず、文系を選択しているとしたら、それは本人にとっても社会にとって残念なことである。それを変えるには、女の子に小さなときから理系の魅力を伝えることが重要で、そのような活動に大学はもっと積極的にかかわるべきである。このような取り組みが実際に理系女性の増加となるには何年もかかるが、着実に効果が上がるだろう。

入学定員女性枠

直接的に女子学生を増やそうとして入学定員に女性枠を設けている大学もある。名古屋工業大学機械工学科では、定員一五名の「女子の推薦入試」を行なっている。学科の募集要項では、「男性技術者に偏りがちであった機械技術分野への女性の進出に対する期待が高くなって」おり、「このような社会的要請に応えられる研究者や技術者を育成することを目的として」女性に限定した推薦入試制度を行なうとしている。[10]

しかし、入学定員に女性枠を設けることについては、異論もある。九州大学理学部数学科は、二〇一二年度の一般入試後期日程に五名の女性枠を設けることにしたが、外部からの強い反対に遭い、撤回した。撤回の説明の文章のなかで、大学側は「男女共同参画社会形成のための措置」であると考え実施を決めたが、「法の下の平等の観点から問題があるのではないか」との意見があり、取り止めることとしたとしている。[11]

名古屋工業大学が女性枠を設けているのは、「機械技術分野への女性の進出に対する」「社会的要請」に応えるためであり、九州大学が女性枠の設けようとしたのも「男女共同参画社会形成」のためである。なぜ、前者は問題なく実施され、後者は撤回を余儀なくされたのだろうか。

理由の一つに、推薦入試と一般入試という違いがある。推薦入試は、学科試験も行なうが、高校の推薦や面接を重視し、意欲、人格、能力などを総合的に判断して合格者を決める。そこに学科の男女構成や社会全体の技術者の男女構成の偏りの是正という措置が入る余地がある。それに対し一般入試は、学科試験の点数のみが判定基準である。試験の点数が一点でも高いほうが合格というルールがあるところにはポジティブ・アクションはなじまない。男性差別だという批判が出てくるのも無理からぬことである。

男性差別という批判が出てくるのは、ポジティブ・アクションに問題があるというより、試験の点数をあまりに重視しすぎる入試制度のほうに問題がある。教育にはダイバーシティ（多様性）が必要だということについて、私たちはもっと議論すべきではないだろうか。大学は専門の知識を勉強することだけが目的ではない。社会人としてもつべき教養や道徳を醸成するのも大学生活の重要な目的である。多様な人々とともに学ぶことで得られるものは大きい。

・注

（1）江戸時代中期以降は、教育の大衆化にともない女子の教育機会も徐々に増え、『女大学宝箱』、『大和小学』、『女子訓』など女子教育のための読み物も多数出版された。大石［二〇〇七］。

（2）フロイス［一九九一］。

（3）「女子を教ゆる法」（貝原益軒著）、『女大学宝箱』（柏原清右衛門・小川彦九郎著）、『文明論女大学』（土井光華著）の引用は、石川松太郎編［一九七七］に収められている版に基づいている。
（4）明治期の良妻賢母教育については、小山［一九九一］、橋木［二〇一一］参照。
（5）高等女学校は、男子の中学校に対応する学校で、「高等」と名前はついているが、中等教育のための学校である。
（6）短期大学のすべてが、良妻賢母教育を理念としていたわけではないが、短期大学の存在意義を議論するなかで、短期大学関係者から短期大学の教育目的は花嫁の育成にあるという発言が公然と発せられるようになったのも事実である（小山［二〇〇九］）。
（7）小山［二〇〇九］。
（8）内閣府［二〇一一］、『男女共同参画白書 平成二三年版』。
（9）高校の女子生徒向けに大学の理系学部が行なっているワークショップの案内が「理系女子応援サービス Rikejo」（http://www.rikejo.jp/）に掲載されている。このサイトには、そのほかに理系学部の受験案内、受験相談、卒業後の進路情報などが掲載されている。
（10）名古屋工業大学「平成二五年度推薦入試学生募集要項（機械工学科―女子）」。
http://www.nitech.ac.jp/examination/request/mt_files/kikai25.pdf
（11）九州大学「理学部数学科における平成二四年度一般入試（後期日程）の変更について」より一部抜粋。
http://www.kyushu-u.ac.jp/entrance/examination/H24henkou-sugakuka.pdf

第3章

就職とキャリア形成

1 挫折

人生で初めて大きな挫折を味わったのが就職活動である、という人は少なくない。就職は進学以上に難しい。会社は学校と比べ桁違いに数が多いうえに、偏差値がない。偏差値に相当する業績や人気ランキングは頻繁に変化する。業界、職種（企画、経理、営業、人事など）、給料、働きやすさ（残業の多さ、休みの多さ、育児休業のとりやすさ）、教育訓練、仕事のやりがい等々、何を重視するかによって、自分にとってどの会社がよい会社であるかはまったく異なる。

どれがよい会社かを判断する尺度が多様であることに加えて、自分自身の実力の尺度も多様である。受験勉強と違って、模擬試験がないので、自分自身の偏差値もわからない。そもそも、すべての企業に共通の人物評価尺度などは存在せず、会社によって、求める人材の基準は異なる。学生は、就職活動をして初めて自分が会社に必要とされる人間であるかどうかを知るのである。

女子学生の場合は、そこに女性差別というさらに大きな困難が立ちはだかる。一九九九年の改正男女雇用機会均等法の施行以前は、「男性のみ募集」や「女性は自宅通勤が可能な者に限る」という企業が多かった。女性というだけで、職業人生の入り口を閉ざされていたのである。そのようなあからさまな差別は改正均等法の施行によってなくなったが、事態がどれほど改善されたかは疑問である。男性のみ募集することは法律で禁止されているので、応募の時点で門前払いされることはなくなったが、初めから女性を基幹社員として採用する気がない企業は多い。後でみるように、集計されたデータはそのような企業がたくさん存在することを物語っている。

会社選びは五年先、一〇年先の自分の姿を想像しながら行なわなければならない。たとえ転職するとしても、最初の仕事で得られた知識、技能、出会いなどが次の仕事で生きるような会社の選択が理想的である。それがキャリア形成という考え方である。キャリアは、さまざまな人と仕事に出会い、成功と失敗と反省を繰り返しながら形成していくものである。後に専業主婦になったとしても、最初の就職で得た経験は無駄にはならない。したがって、たとえ給料は低くとも若いときにしっかり鍛えてくれる企業が最初の就職先としては理想である。

ところが、女性にとっては不幸なことに、新入社員をしっかり鍛える企業ほど女性差別が深刻なのである。教育訓練に熱心で、従業員を長期間かけて育てようとする企業ほど女性を採用せず、採用しても女性は補助的、定型的な業務に偏る傾向がある。男女雇用機会均等法第五条は「事業主は、労働者の募集及び採用について、その性別にかかわりなく均等な機会を与えなければならない」と規定しているが、とても法律の精神が守られているとはいえないのが現実である。

2 コース別人事管理制度の理不尽

採用における女性差別は、コース別人事管理制度に顕著にみられる。この制度の実態を詳しく観察すれば、いかに理不尽がまかり通っているかが明らかになる。コース別人事管理制度とは、従業員の能力、適性、志望などに基づき複数のコースを設定し、コースごとに異なる配置、教育訓練、昇進などの雇用管理を行なう制度である。

コース別人事管理制度が導入されたきっかけは、一九八六年に施行された男女雇用機会均等法である。それまで、多くの企業は性別によってコースを分けていた。男性は基幹的職務に配置され、企業の中核社員となるための教育訓練を受けるのに対し、女性は補助的職務に配置され、上司の指示に従って定型的な仕事をしていた。男性は、管理職や役員への道が開かれていたが、女性はどんなに優秀でも管理職になれなかった。

このような性別に基づく人事管理が均等法によって禁止されたために、企業がその代替措置として導入したのがコース別人事管理制度である。コース別人事管理制度は、性別ではなく、本人の能力、適性、志望などによってコース別に採用するというのが建前である。しかし実態としては、明らかに性別によるコースへの振り分けに利用されている。

典型的なコース別人事管理制度は、「総合職」と「一般職」からなる。総合職は会社の中核社員となるコースであり、一般職は補助的、定型的業務をこなすコースである。近年は、「地域限定総合職」、「準総合職」、「専門職」、「現業職」など多様なコースがあるが、最も多いのは、総合職と一般職の二つからなる制度である。コース別人事管理制度を導入している会社は、全体としては一割にすぎないが、従業員数五〇〇〇人以上の会社に限ると五割が導入している。

図3-1は、二〇一〇年におけるコース別採用者に占める女性の割合である。コース別人事管理制度が、事実上性別による労働者の振り分けに利用されていることがわかる。一般職を除くすべてのコースで、五割またはそれ以上の企業が「採用者のほとんどが男性」であると答えている。「地域限定総合職」は、転勤を望まない女性にも総合職への道を開くものとして期待されたが、実態は総合職とほとんど変わらない。それに対し、一般職では、六割近い企業が「採用者のほと

図3-1　コース別人事管理制度における男女採用状況別企業割合

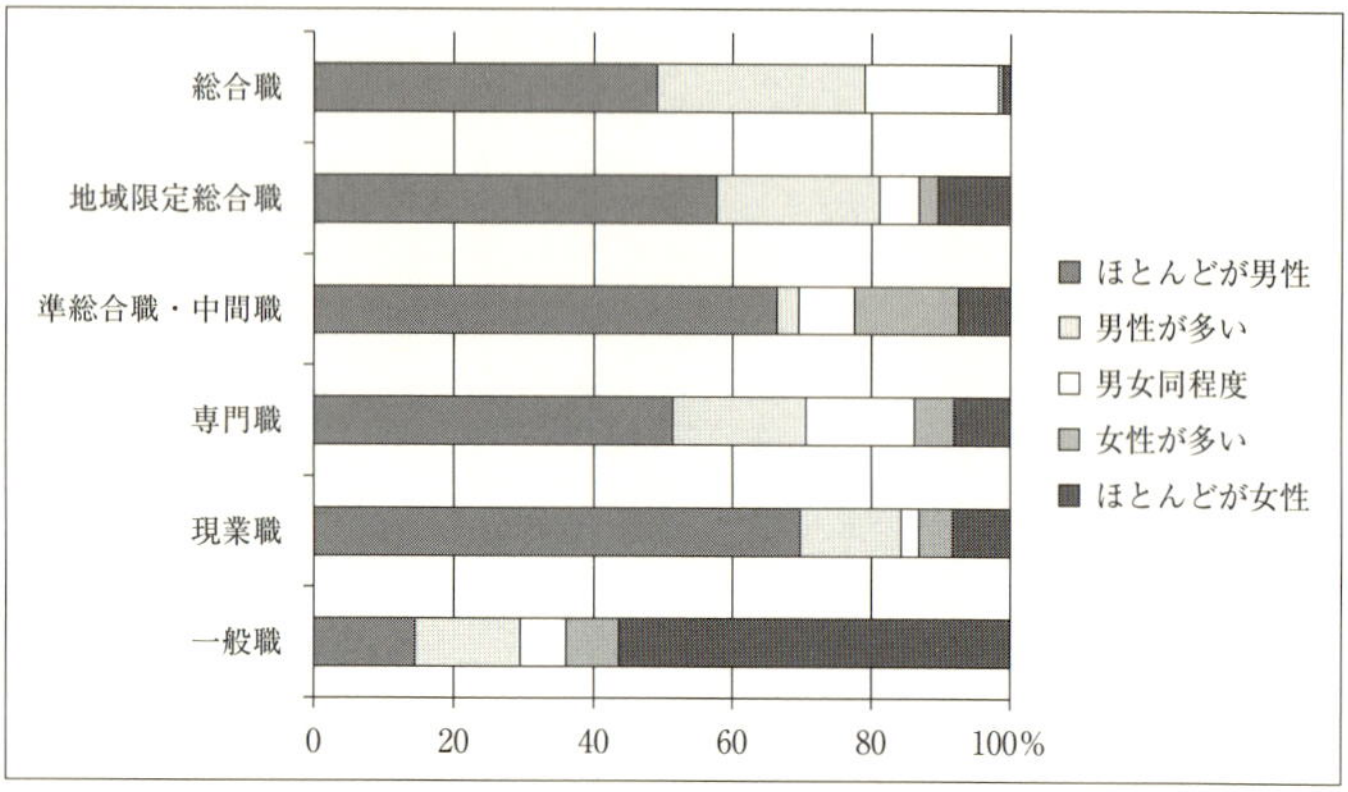

データ出所：厚生労働省「雇用均等基本調査 平成22年度」。

んどが女性」であると答えている。

また、別の調査によると、二〇一一年の総合職採用者に占める女性の割合は一一・六%にすぎないのに対し、一般職の採用者の八六・〇%は女性である[1]。これに対しては、多くの女性が一般職を望むからであるという解釈がある。確かに、男性と比べれば総合職志望の女性は少なく、一般職志望の女性は多い。同年における総合職応募者のうち女性は三二%であり、一般職応募者のうち女性は九三%である。しかし、それを考慮しても、総合職では採用者の九割近くが男性というのは極端である。結果として総合職における男性の採用率（採用者数／応募者数）は、五・八%であるのに対し、女性の採用率は一・六%にすぎない。男性は女性の四倍も採用されやすい。均等法が施行されて四半世紀が過ぎても、男女別雇用管理の慣行は大きくは変わっていない。

では、コース別人事管理制度がない企業で女性差別がないかといえば、決してそうではない。確かに、コース別人事管理制度がない企業では制度がある企業と比べて、女性の賃金が相対的に高く、結婚や出産などで退職する女性の割合が少ない(2)。しかし、そのような企業でも、性別を一切考慮せずに採用や配置を行なうのは稀である。たとえば、営業職には女性を採用しないという企業は多い。

3　女性が活躍している企業

女性が活躍している企業を知るには、女性の活躍に関連する表彰の受賞企業やビジネス誌が発表している女性が活躍する会社のランキングなどが参考になる。女性の活躍や働きやすさに関連する賞としては、厚生労働省の「均等・両立推進企業表彰」、日本経済新聞社の「子育て大賞」、東洋経済新報社の「ダイバーシティ経営大賞」などがあり、ランキングには日経ＷＯＭＡＮ誌の

「女性が活躍する会社ランキング」、日本経済新聞社の「働きやすい会社ランキング」などがある。このほか、多くの自治体が独自の表彰制度や認証制度を実施している(3)。

均等・両立推進企業表彰は、厚生労働省が、「女性労働者の能力を促進するための積極的な取組」または「仕事と育児・介護との両立支援の取組」を行なっている企業を表彰するものである。もともとは、均等推進企業表彰とファミリー・フレンドリー企業表彰という別々の表彰制度だったが、二〇〇七年から均等・両立推進企業表彰に統合された。二〇一一年には、高島屋が厚生労働大臣最優良賞を受賞している。

高島屋は、大阪市に本社を置く百貨店で、約一万一〇〇〇人の従業員を雇っている。これまで女性が少なかった職域に女性を配置したり、職務の評価基準を明確にした結果、女性管理職が大幅に増加した。二〇〇三年と二〇一一年を比べると、女性係長の割合は二九・八％から五三・二％へ、女性課長の割合は八・四％から二二・四％へ、次長クラス以上に占める女性の割合は三・〇％から一一・九％へと増加している。日本全体では、女性係長の割合が一二・八％、女性課長の割合が六・三％、女性部長の割合が五・四％（いずれも二〇一一年）であるから、全国平均よりかなり高いことがわかる(4)。

均等・両立推進企業表彰が開始された二〇〇七年から二〇一二年までの間に厚生労働大臣最優

良賞を受賞した企業としては、高島屋のほかに、ベネッセコーポレーション（二〇〇八年）と日本ＩＢＭ（二〇一〇年）がある。ベネッセコーポレーションは、「チャレンジ」や「進研ゼミ」などの通信教育、教育講座を提供している従業員数約四〇〇〇人の会社である。早くから女性労働力の活用に力を入れており、一九九九年にもファミリー・フレンドリー企業表彰を受賞している。二〇〇八年の受賞は、両立支援制度に加えて、女性の少ない「学校向け営業」などに女性を積極的に配置したこと、社内公募制や自己申告制を導入し、女性の職域拡大を図る取り組みを行なっていること、女性社員に管理職昇格選抜試験の受験を奨励していること、その結果として女性係長の割合が三七・三％、女性課長の割合が二五・七％と全国平均よりかなり高いことなどが評価された。

企業表彰を受賞する企業は、日本の企業全体からみればほんの一握りにすぎない。このように著しく女性が活躍している企業ですら、課長に占める女性の割合は三割に満たない。欧米先進国なら均等推進企業どころか平均的企業にも及ばない。しかし、日本の企業で女性が活躍できないことを、すべて個々の企業の責に帰すわけにはいかない。第8章「日本的雇用制度と女性差別」で議論するように、日本社会には、一企業ではどうにもならない経済構造があるからである。その構造に組み込まれているかぎり、企業は女性差別から脱することはできない。

4 中小企業という選択肢

企業表彰や企業ランキングは、女性が活躍している主な企業をピックアップするのには適しているが、対象が一部の企業に限られているという限界がある。企業表彰も企業ランキングも大企業に偏りがちである。全国のトップ一〇〇に入るような有名企業は就職しようとしても簡単にできるものではない。

実は、女性管理職の割合が高いのは大企業よりも中小企業である。部長に占める女性の割合は、労働者数が三〇〇人以上の企業では二%未満であるが、労働者数が一〇〇人未満の企業では八%を超える。課長に占める女性の割合も、労働者数が三〇〇人以上の企業では四%未満であるが、労働者数が三〇〇人未満の企業では七%を超える。このように、女性にとっては中小企業のほうが活躍しやすい。

ただし、新卒採用に占める女性の割合は、大企業と中小企業ではそれほど変わらない。大企業も中小企業も新卒採用者のうち女性は三割から四割程度である。それにもかかわらず中小企業で女性管理職割合が高いのは、中途採用が多く、また中途採用でも昇進に不利にならないからである。

学生の間では、中小企業は就職先として人気がない。その理由は、知名度が低いこと、経営が不安定であること、賃金が低いこと、労働時間が長いことなどである。確かに平均的な中小企業にはいずれも当てはまるが、なかには成長している中小企業や、賃金が比較的高くて働きやすい中小企業も少なくない。どの大企業も、最初は中小企業だったのである。

中小企業には、大企業にはないメリットもある。まず、大企業より就職しやすいことである。とくに、成長している中小企業は常に人材不足に悩まされている。次に、規模が小さいので、経営幹部とも距離が近い。働きぶりを直接経営幹部にみてもらえるから、優秀であればどんどん重要な仕事を任され、昇進も早い。さらに、制度にないことでも労働者の必要に応じて柔軟に対応できるのも中小企業のよさである。たとえば、育児のための短時間勤務制度や残業をさせない制度などがない企業でも、子どものいる労働者には臨機応変に労働時間を変更している中小企業は多い。

ただ、学生が中小企業を避けるのも根拠がないわけではない。中小企業は玉石混交である。劣悪な労働条件で働かせ、労働基準法すら守らない、いわゆるブラック企業も少なくない。中小企業の情報は少ないので、仕事を探す側としては、どの企業がブラックなのかなかなかわからない。

その点で、近年、自治体が育児支援施策、ワーク・ライフ・バランス施策、男女均等化施策などを採り入れている地元企業を独自に認証したり、表彰したりしているのは注目に値する。求職者にとって、働きやすい中小企業はどこかという情報は貴重である。さらに、そのような認証を受けた働きやすい中小企業の就職セミナーを企画している自治体もある。これは、若者の就職難と中小企業の人材不足を解消する優れた政策といえる。

5 女性活躍の障害

なぜ企業は、女性を基幹社員として採用せず、たとえ採用しても配置や昇進などで男性と差をつけるのであろうか。図3-2は、女性の活躍を推進するうえで何が問題であると企業が考えているかを示している。「家庭責任を考慮する必要がある」ことが問題だと考える企業が最も多く、

図３-２　女性の活躍を推進するうえでの問題点（複数回答）

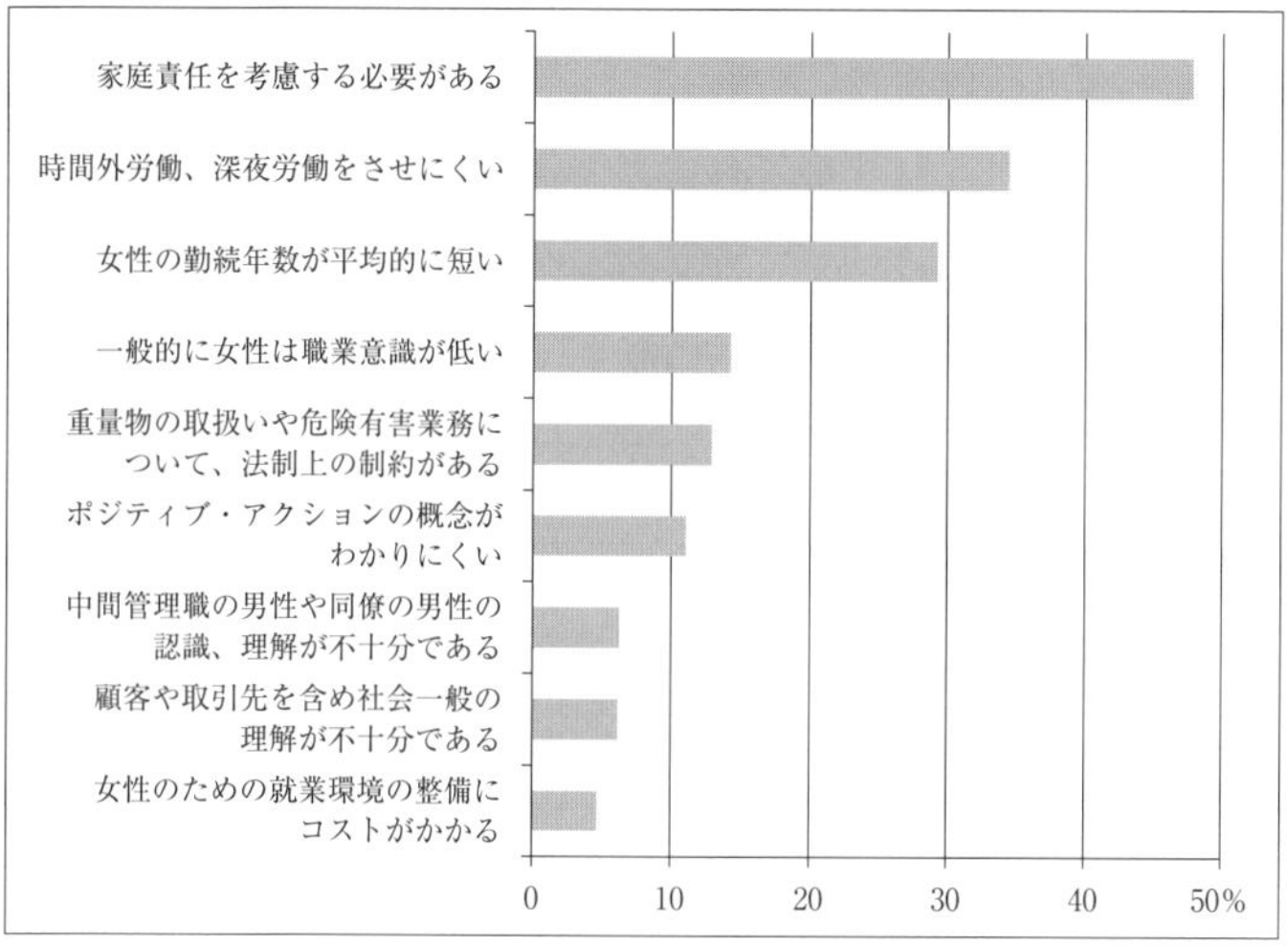

データ出所：厚生労働省「雇用均等基本調査 平成23年度」

四八％に上る。次いで「時間外労働、深夜労働をさせにくい」が三四％、「女性の勤続年数が平均的に短い」が二九％である。いずれも、家庭における性別分業に起因する問題である。

「家庭責任を考慮する必要がある」とは、子どもが生まれれば育児休業を与えなければならず、復帰後は育児のための短時間勤務や残業の免除などの配慮をしなければならないなど、家庭の事情に応じて企業が柔軟に対応しなければならないことである。そのたびに、企業は補充人員を確保したり、同僚や上司が仕事を肩代わりしなければならない。こうしたことが頻繁に起こると、独身女性や男性など家庭の事情で仕事を休むことがない人たちから不満の声があがることもある。

また、女性には残業や休日出勤や出張などを命じにくいという事情がある。子どもがいれば、保育所の迎えや夕食の準備などがあるため、毎日決まった時刻に退社しなければならない。企業の都合で急に予定は変えられない。

二番目に多くの企業があげている「時間外労働、深夜労働をさせにくい」というのも家庭責任とほぼ同様の理由である。現在では、女性の深夜業は法律上認められている。しかし、家事や育児の大半を担っている既婚女性は、そのような働き方はできない。

女性の活躍を推進するうえの問題点として、三番目に多くの企業があげている「女性の勤続年数が平均的に短い」は、結婚、出産、育児、介護など家庭の事情で辞める女性が多いために、長期的な人材育成を行ないにくいことを意味している。日本企業の強みは、終身雇用制に基づく長期的な人材育成であるといわれてきた。勤続年数が短い女性はそのような雇用制度になじまない。

かつては、女性の活躍を推進するうえの問題点としてこの理由をあげる企業が最も多かったが、近年はやや減っている。その理由は、一つには晩婚化、非婚化、晩産化などの影響で、結婚、出産で退職する女性が減ったり、退職するにしてもその時期が遅くなったことがある。また一つには、結婚・出産後も仕事を続ける女性が増えたためであろう。

こうしてみると、企業の女性差別には、企業の側にも家庭の側にも原因があるということがわかる。家事・育児の八割以上を女性が担っているという極端な性別分業が、企業における女性の活躍を妨げている。それは、一企業ではどうしようもないことである。その一方で、家事・育児から解放され、会社優先で働くことができる男性社員が「普通の」労働者とされ、会社優先で働くことを前提とした雇用慣行ができ上がっている。つまり、日本の企業は男性を基幹社員とした男性社会であり、男性中心の企業文化が根付いているのである。近年になって、女性の進出が徐々に進んでいるが、企業の風土は容易には変わらない。

女性労働者が活躍できる企業となるためには、基幹社員が家事や育児に煩わされることなく企業優先で働くことを当然とする企業風土を変えなければならない。それには、男性の働き方を見直すことこそが重要である。男性の労働時間短縮、育児休業取得率向上、短時間勤務制度利用率向上、有給休暇取得率向上などの改革が必要である。それは、仕事と家庭の両立支援にとどまらず、広い意味での、ワーク・ライフ・バランス（仕事と生活の調和）の実現をめざすことである。なお、ワーク・ライフ・バランス政策については、第9章「日本を変えるために」で詳述している。

6 昇進意欲のジェンダー格差

女性管理職が少ない原因の一つに、女性自身が昇進したいとは思っていないことがある。日本労働政策研究・研修機構の調査によると、二〇歳代の非役職者では、女性の七六・六%が将来も「役付きでなくてもよい」と回答しているのに対し、男性は二九・一%がそう回答しているにすぎない。また、将来「課長以上に昇進したい」と考える女性非役職者は六・三%しかいないのに対し、男性非役職者は五九・一%がそう考えている(5)。

昇進意欲に大きなジェンダー格差がある理由はいくつか考えられる。一つは、ほとんどの人は人並みか、人並みより少し上の平穏な職業人生を送りたいと思っており、それ以上をめざして苦労しようとは思わないことである。男性の場合、それが課長であり、女性の場合は非役職の正規労働者である。つまり、昇進意欲のジェンダー格差は現状の反映であるといえる。

もう一つは、女性は結婚や出産や家族の健康などに職業人生が左右されることが多いため、将来を柔軟に考えている。それに対し、男性は結婚や出産によって職業人生が左右されることがないばかりか、家族の形成や安寧のためにも昇進することが必要である。つまり、男性にとっては、人生の成功は職業人生の成功と同一線上にあるが、女性にとっては、人生はそう単純ではない。

さらに、もう一つ重要なことは、女性は自分が管理職になっている姿を想像できないことである。働く女性が増えているとはいえ、女性管理職は少ない。身近に自分が目標とするような女性がいなければ、管理職になった自分の生活というのは想像しにくい。男性管理職は、会社優先で働き続けて昇進し、管理職になっても会社優先の働き方を続けている。しかし、それは、家事・育児を任せることのできる主婦がいるからであって、女性にはそのような生き方はできない。

ただし、調査結果を詳細に分析すると、企業によって女性の昇進意欲には違いがある(6)。そして、女性の昇進意欲が高い企業には共通の特徴がある。一つは、ポジティブ・アクションを熱心に実施していることである。ポジティブ・アクションとは、不平等な取り扱いを解消するためにとられる積極的な改善措置のことであり、職業の分野では、女性が活躍できる職場環境を整えるためのさまざまな施策のことである。施策のなかでも「男性に対する啓発」や「職場環境・風土の改善」や「女性の能力発揮のための計画策定」を実施している企業では、女性の昇進意欲が高い。これは、企業が女性の活躍を妨げているさまざまな障害を取り除き、女性が活躍しやすい職場環境をつくることで女性の昇進意欲が高まることを意味している。

もう一つは、女性管理職が多い企業である。これは、身近に目標となる女性管理職がいることが女性の昇進意欲を向上させていることを意味する。女性管理職の職業人生を身近にみることで、自分が将来遭遇するかもしれない困難やそれに対する対処の仕方などがシミュレーションできる。それによって、自分が管理職になっている姿を具体的にイメージすることが可能になるからではないだろうか。

7 ライフ・サイクルとキャリア形成

図3-3は、平均的な女性のライフ・サイクルと標準的な職業人生の関係を描いたものである。女性は、二九歳で結婚し、三〇歳で第一子を出産し、三二歳で第二子（末子）を出産すると仮定している。これらは二〇一〇年における女性の平均初婚年齢、平均第一子出産年齢、平均第二子出産年齢である。(7) 一方、職業人生は、それぞれの役職に昇進する標準的年齢を示している。(8) もち

図3-3　女性のライフ・サイクルと職業人生

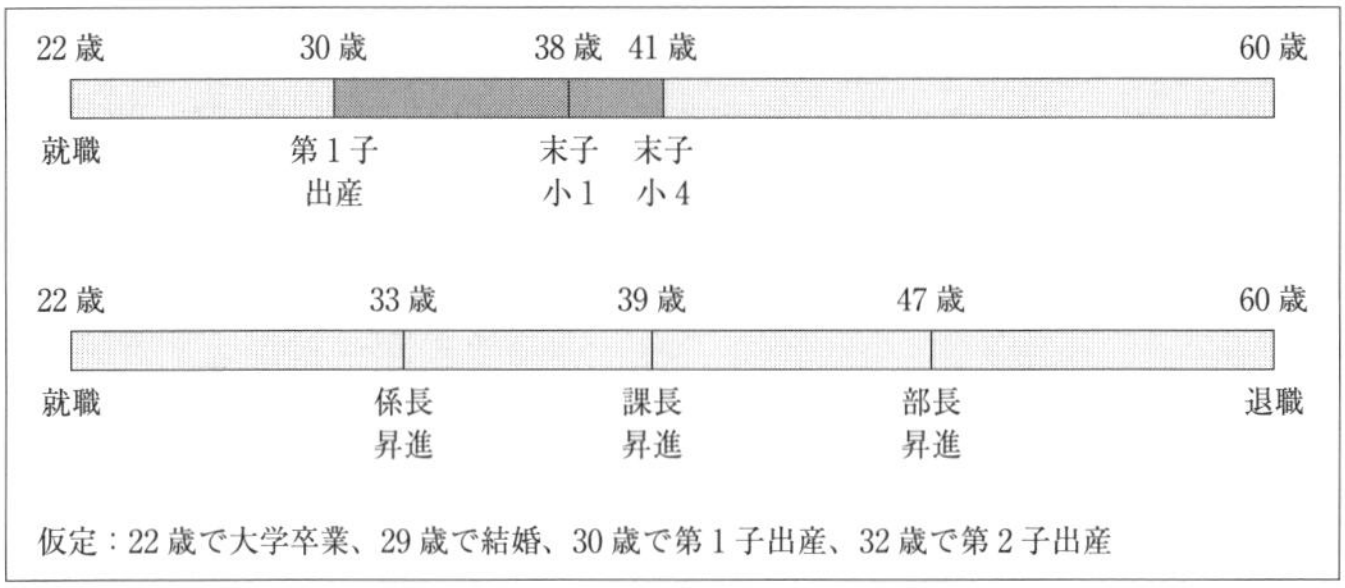

ろん、昇進しない人も多いので、これが平均的な職業人生を表わしているわけではない。管理職に昇進する女性は非常に少ないので、図は、平均的なライフ・サイクルを歩む女性と順調な職業人生を送る男性の比較と考えたほうがいい。

平均的なライフ・サイクルに従うと、大卒女性は就職して七年目に結婚、八年目に第一子を出産する。就職して八年目三〇歳というのは、二～三回の異動を経験し、後輩の指導やチームのリーダーとしての役割が期待される頃である。一方で、仕事のできる人、できない人の差がはっきり現われる。どの部署に配属されるかや、どんな仕事を任されるかで、その人に対する企業の評価が明らかになる。同期入社の出世頭が係長に昇進するのも三〇歳前後である。

平均的な女性は、第一子出産とともに退職する。仕事が順調で楽しいという人よりも、仕事に行き詰まりを感じたり、忙しすぎて自分を見失いがちの人のほうが多いかもしれない。また、同じ毎日の繰り返しから逃れたいと思う人もいるに違いない。結婚、出産というのは、そのような女性にとっては、人生をリセットする機会となっている。

二年後に第二子を出産し、第二子が小学校に入ると同時に再就職すると、そのときは三八歳になっている。ここに八年間のキャリアの空白が生まれる。職業人生のおよそ五分の一である。三八歳といえば、同期の人たちは、順調であればそろそろ課長に昇進している頃である。八年間の空白があると、職業人生は、ゼロからの再出発となる。出産退職前と同じ業界に就職できれば、出産までの八年間の経験のいくらかが生きるかもしれないが、それでも経験の大半は役に立たなくなっているだろう。企業は同じ能力であれば新卒を採用するから、正規労働者としての再就職は難しい。

日本の雇用制度のもとでは、出産退職すると、正規労働者としての復帰は不可能に近い。再び働くとしても非正規の職しかない。キャリアを大切にしたいなら、出産退職は避けたい。育児休業を利用して就業を継続するのがベストである。しかし、やむを得ず出産退職する場合は、早めの再就職が望ましい。ブランクが長くなるほど、スキルは劣化し、過去の経験は役に立たなくなる。

・注

（1）厚生労働省「コース別雇用管理制度の実施・指導状況 平成二一年度」。
http://www.mhlw.go.jp/general/seido/koyou/danjokintou/dl/cource_joukyou.pdf
この調査はサンプルがやや少ないが、年によって数値に大きな変化がないため、信頼できる数値だと判断できる。

（2）詳しくは、川口［二〇〇八］第八章を参照されたい。

（3）表彰制度は、通常、企業が自主的に応募し、そのなかから優秀な企業が選ばれる。それに対し、ランキングは、調査主体がアンケートを送付し、それに答えた企業のなかで順序をつける。

（4）厚生労働省［二〇一二］、「雇用均等基本調査 平成二三年度」。
http://www.mhlw.go.jp/toukei/list/71-23.html

（5）労働政策研究・研修機構［二〇〇七］、『仕事と家庭の両立支援にかかわる調査』ＪＩＬＰＴ調査シリーズ、No.37。

（6）詳しくは、川口［二〇一二］を参照されたい。

（7）内閣府『子ども・子育て白書 平成二二年版』。
http://www8.cao.go.jp/shoushi/whitepaper/w-2012/24pdfhonpen/24honpen.html

（8）調査は、労政時報「昇進・昇格、降格に関する実態調査」（二〇〇九年）である。出典は、「日本の人事部」による「『労政時報』調査記事」。https://jinjibu.jp/article/detl/rosei/540/

第4章

結婚

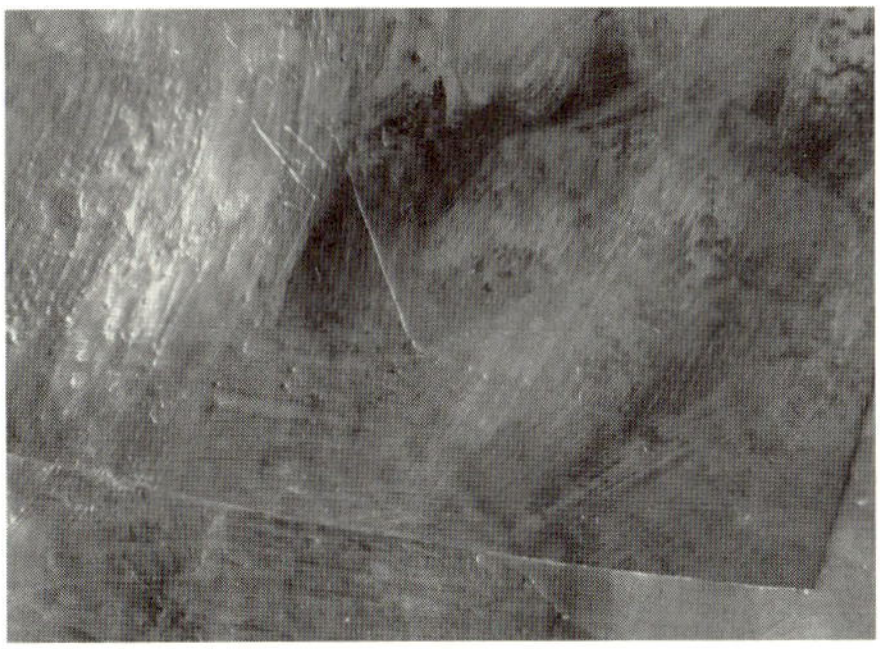

1 少子化と非婚化

晩婚化、非婚化が進んでいる。男性の生涯未婚率（五〇歳における未婚者の割合）は、一九八〇年の二・二八%から二〇一〇年の二〇・一%へと急上昇した。女性の生涯未婚率も、同じ期間に四・五%から一〇・六%へと上昇した。(1) 各年代の未婚率も、平均初婚結婚年齢も上昇の一途をたどっている。

人は結婚に何を期待するのだろうか。子どもをつくれること、夫婦間の分業が可能になること、共同生活によって住居費や食費などの生活費を節約できること、病気や怪我で一時的に働けなくなったときの保険となることなどが考えられる。また、夫婦間の愛情や信頼関係を築くという心理的な便益も重要だろう。

なかでも子どもは、かつては重要な労働力であり、セーフティ・ネットだった。わが国で、国民年金の制度ができたのは一九六一年のことであり、それ以前は、年金制度に加入していない人が多かった。制度ができてもすぐに十分な年金が支給されたわけではない。当時は農業社会であったこともあり、ほとんどの人にとって、老後は子どもの世話にならないと生きていけないのが現実だった。子どもは労働力やセーフティ・ネットの提供者としてなくてはならない存在だった。しかし、農業社会から工業社会、ポスト工業社会へと社会の経済構造が変わり、年金制度や介護保険制度が高齢者の世話というかつての子どもの役割を肩代わりした。それによって、子どもがもたらす便益、ひいては結婚の便益が大きく低下した。

一般には、晩婚化、非婚化が少子化の原因であるといわれる。確かに、個人のライフサイクルからみればそうであるが、歴史的な因果関係はその逆ではないだろうか。結婚する人が減ったから子どもが減ったというよりは、子どもを産み育てる必要がなくなったから結婚する必要がなくなったと考えるほうが論理的である。

2 性別分業が結婚を難しくする

結婚の便益として、子どもをつくることと同様に大きいのは、夫婦間の分業だった。夫は仕事、妻は家庭という分業によって、より効率的に働き家計を営むことができた。高度経済成長期以前の日本のように女性の稼得能力が非常に低かった時代には、ほとんどの女性にとって自分の所得だけで生活することは困難だった。結婚できるかどうかは女性にとって死活問題であった。結婚して、夫の収入で暮らせるようになってはじめて人並みの安定した生活ができるようになった。「結婚こそが女の幸せ」という、今の人たちからみると結婚に対する過大な期待や思い入れを、女性自身もまた世間ももっていたのはそのためである。

かつては、性別分業があるために、男女とも結婚によって便益が得られた。しかし今では、皮肉なことに、性別分業が結婚の便益を小さくし、晩婚化、非婚化をもたらしている。平均的には、女性の稼得能力は男性よりも低いが、個々のカップルについてみると、女性の稼得能力が男性と同等であったり、女性の稼得能力が男性に勝ることも珍しくない。ジェンダー所得格差が縮小するほど、そして同性内の所得格差が拡大するほど、確率的にはそうしたカップルが増える。しかし、伝統的性別分業がある限り、そのようなカップルにとって、結婚から得られる便益は小さい。夫婦間分業に関する経済学の議論は、夫婦間の能力や適性に応じて分業が決められると仮定している。つまり夫婦のうち稼得能力の高いほうが稼得労働に専念し、稼得能力の低いほうが家事に専念する。その仮定に基づくと、専業主婦が専業主夫より圧倒的に多いのは、男性のほうが稼得能力が高いカップルが多いからということになる。

確かに現実の夫婦をみると、そのほとんどは夫のほうが稼得能力が高い。しかし、現実は原因と結果が逆である。女性は、伝統的性別分業が合理的となるような男性を結婚相手として選択する。つまり、結婚や出産後、自分が仕事を辞めても経済的に困らないように、自分より稼得能力の高い男性を選んで結婚するのである。男性もまた、妻が一時的に仕事を辞めても家族を養えるだけの経済力がなければ結婚する覚悟がもてない。

これを示しているのが図4-1である。図は二〇〇四年に独身であった二二歳から三六歳までの男女のうち、所得階層ごとに二〇一〇年までに結婚した者の割合を示している(2)。

男女とも年収五〇〇万円までは、所得が高いほど結婚確率が高くなる傾向にある。男女を比較

図 4-1　所得と結婚確率

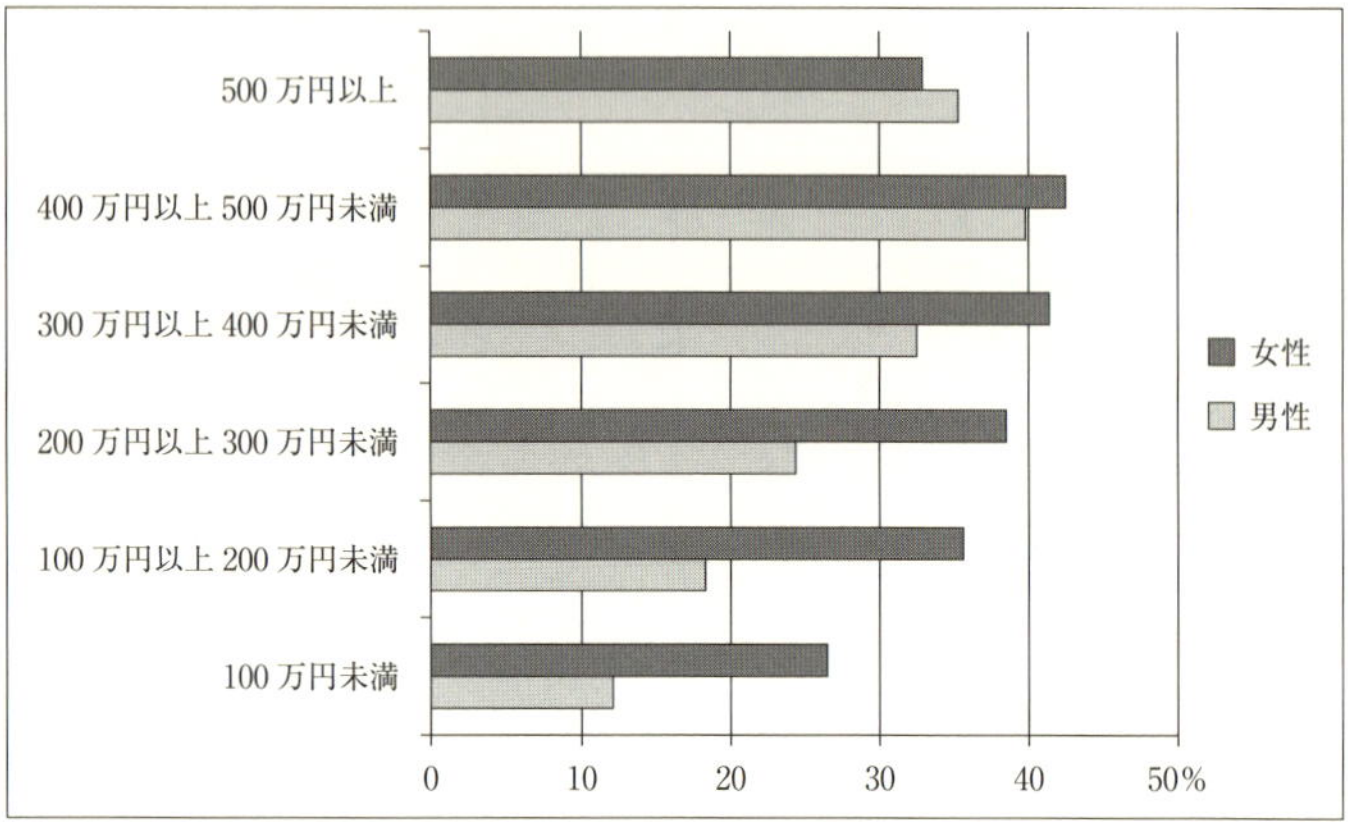

注：1)　2004 年に独身であった 22 歳以上 36 歳以下の男女のうち 2010 年までに結婚した者の割合を表わしている。

2)　所得額は、結婚した者については結婚前年の、結婚しなかった者については、2009 年の状況である。

データ出所：厚生労働省「第 9 回 21 世紀成年者縦断調査」。
http://www.mhlw.go.jp/toukei/saikin/hw/judan/seinen12/dl/28-9c_2.pdf

すると、二つの注目すべき事実が明らかになる。一つは、所得が低いほど男性の結婚確率が女性に比して相対的に低いことである。年収二〇〇万円未満層では、男性の結婚確率は女性のおよそ半分である。それに対し、五〇〇万円以上層では、男性の結婚確率のほうが女性より高い。もう一つの特徴は、年収五〇〇万円を超えると女性の結婚確率は急に低下することである。男女とも年収五〇〇万円以上の層は四〇〇万円台の層より結婚確率が低いが、両者の差は女性のほうが大きい。女性の場合は、年収一〇〇万円台の結婚確率より低くなる。

　これらの事実は、いずれも、女性が伝統的性別分業を前提に結婚相手を選んでいるという仮説と整合的である。女性は自分より所得の低い人と結婚したのでは、性別分業からの便益が得られないため、そのような相手は選ばない。その結果、男性は所得が低いほど女性と比べて相対的に結婚確率が低下する。さらに、年収が五〇〇万円あれば、女性は結婚しなくても人並みの生活ができる。結婚して一時的に専業主婦になってもいいと思えるほど収入のある男性を見つけるのは難しいことをこの図は示している(3)。

3　非正規労働者の増加と晩婚化

　近年は、正規労働者が減り、非正規労働者が増える傾向にある。これも晩婚化・非婚化の原因の一つである。図4-2は、学校を卒業して初めて就いた仕事が、正規の仕事か非正規の仕事かによって、結婚確率がどのように異なるかを表わしたものである。正規・非正規の定義は回答者の判断に任されている(4)。仕事の重要性、賃金形態、雇用契約期間（有期か無期か）、職場での呼称

図 4-2　初職の正規・非正規別結婚経験の割合

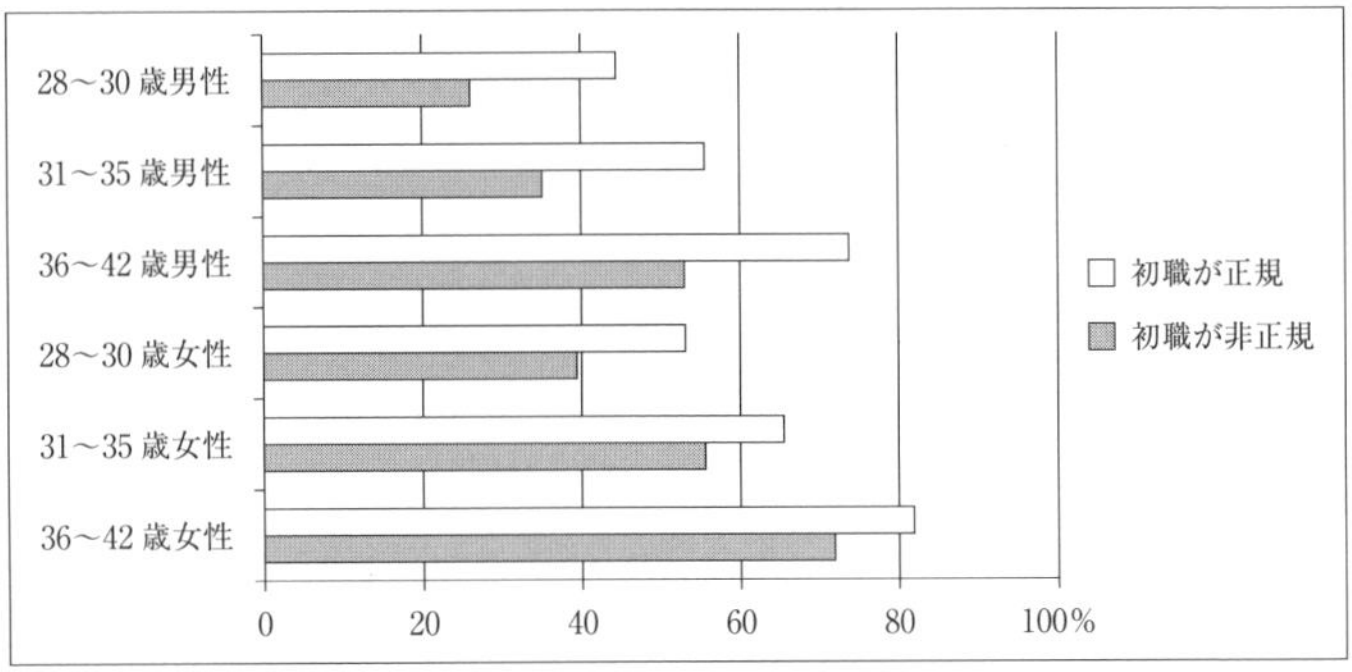

データ出所：厚生労働省「第 9 回 21 世紀成年者縦断調査」。
http://www.mhlw.go.jp/toukei/saikin/hw/judan/seinen12/dl/28-9c_2.pdf

などから判断されているものと思われる。

図は、性別、年齢にかかわらず、初職が非正規だった者は、初職が正規だった者に比べて結婚確率が低いことを表わしている。正規と非正規の結婚確率の差は、女性より男性のほうが大きい。これは、先ほど議論したように、結婚が性別分業を前提としているからである。収入を得るのが男性の役割であるから、賃金が低い男性非正規労働者の結婚確率は当然低くなる。では、男性ほど大きな差はないとはいえ、なぜ女性も初職が非正規であると結婚確率が低くなるのだろうか。それには、二つの理由が考えられる。

一つは、非正規の職に就いている女性は、収入の高い男性と出会う可能性が低いことである。非正規労働者が多い小売業、サービス業、飲食店などの業種では、同僚も非正規労働者である確率が高い。したがって、職場で独身の正規労働者男性と出会う確率は，正規労働者の女性と比べると低い。また，非正規労働者の場合，友人などの社会的ネットワークも非正規労働者に偏りがちである。したがって，職場以外でも男性正規労働者との出会いの確率が低くなる。

もう一つは，女性にとっても正規労働者は一つのステータスになっていることである。非正規労働者では高収入の男性との合コンやお見合いパーティーに参加することは難しい。たとえ結婚や出産で退職するつもりであるにしても，独身の時点で非正規労働者では，高収入の男性と対等な付き合いができない。また，婚活には費用がかかる。ファッション，化粧品，エステなど外見を磨くこともさることながら，芸術やスポーツに親しんで内面を磨くにも費用がかかる。親が裕福でなければ，非正規労働者の収入では十分な婚活ができない。婚活よりもまず就活という非正規労働者は少なくない。

4 恋愛結婚と晩婚化

パートナーとの出会いといえば、かつてはお見合いが主流であったが、戦後一貫して見合い結婚は減少し、恋愛結婚が増加している。一九七〇年に恋愛結婚が見合い結婚より多くなり、二〇〇五年には見合い結婚の割合はわずか六・四%にまで低下した。今や、結婚には恋愛が必須となった。これは、わが国に限ったことではない。国際調査によれば、「パートナーとしてのあらゆる条件が理想通りであるが、愛していない相手と結婚するか」という質問に対し、インド人の四九・〇%、パキスタン人の五〇・四%が「結婚する」と答えたのに対し、アメリカ人とイギリス人はそれぞれ三・五%と三・七%しかそう答えなかった(5)。結婚に際して愛を重視する傾向は、生活水準が高い国で強い。

恋愛結婚が主流になったことで、結婚確率は上がるだろうか下がるだろうか。愛があればその他の条件にこだわらないのであれば、結婚確率は上昇するかもしれない。しかし、結婚はしたいが、恋愛が苦手という人は決して少なくない。恋愛が上手な人が幸せな結婚生活を送れるとは限らないのと同様に、恋愛下手な人は結婚生活が苦手というわけではない。見合い制度の衰退によって、そのような人たちの結婚のチャンスは低下した。

さらに、愛があれば、その他の条件はまったく気にしないという人は少ない。恋愛中にも「情熱は長続きしない」と冷静に状況を判断するもう一人の自分がいるはずである。恋愛と結婚が違うのは、結婚には継続の義務があるということだ。もちろん、夫婦が合意すれば離婚は自由であるが、恋愛のように一方的に関係を解消することはできない。また、子どもが生まれると、養育の義務も生じる。したがって、情熱が冷めた後も結婚関係が継続できるような相手でないと結婚には踏み切れない。女性にとっては、男性の収入は重要な条件であり、経済力の代理変数としての学歴が重視される。情熱も経済力も必要であれば、結婚のハードルは高い。

5 法律婚と事実婚

多くの人々が事実婚ではなく法律上の結婚を選択するのはなぜだろうか。法律婚は、事実婚と異なり、恋愛や離別の自由が制限される。現在の民法には、不倫をしてはならないという「貞操義務」は明記されていない。しかし、不倫が不法行為であることは認められており、結婚によって自由な恋愛は法律上制限されることになる。また、別に好きな人ができたからといって、配偶者の同意なしに離婚することはできない。

こうした不自由があるにもかかわらず、人々が結婚するのは、それなりの便益があるからである。法律婚の便益には以下のものがある。

第一に、法的結婚を正しいカップルのあり方とみなす社会規範がある。事実婚を個人の選択の問題として容認する人々が多くなったとはいえ、そうでない人もまだ多い。とくに、上の世代ほどそのような考えをもつ傾向が強いため、本人同士が事実婚を望んでも親から反対されることが少なくない。法的に結婚することで、そのような周囲との軋轢を避けることができる。

第二に、同棲よりも法的に結婚したほうが経済的に有利である。夫婦のうち一方の（通常は妻の）所得が低い場合、配偶者控除制度によって、納める所得税や住民税が低くなる。また、相続税にも配偶者控除がある。つまり、税制によって、国は事実婚ではなく法律婚を選択するよう経済的に誘導しているのである。

第三に、親権の問題がある。親権とは子どもを養う権利であり義務である。法律婚のカップルは共同で親権を行使できるが、事実婚のカップルはどちらか一人しか親権を行使することができない。

第四に、上で述べた「法律婚の費用」こそが、便益でもある。つまり、法的に結婚することによって、夫婦関係がより安定するという機能である。一つには、法律によって不倫が抑制される。配偶者が不倫をした場合、不倫相手を訴えることができるし、配偶者の不倫による離婚には慰謝料を請求することができる。また、離婚には夫婦の合意かまたは裁判所の判決が必要である。不倫をした側からの離婚請求は原則としてできない[6]。

以下では、第四の便益についてもう少し詳しく議論しよう。なぜ夫婦関係の解消を難しくすることが便益かというと、法律婚によって婚姻関係の安定が見込まれると、夫婦関係特殊資本への投資が促進されるからである。夫婦関係特殊資本とは、配偶者との夫婦関係が存続している限り便益をもたらすような資本である。そのような資本への投資の例として、相手の好みに合わせて自分の性格や趣味や技能を変えるよう努力することがある。私の知人にも夫の好みの料理のレパートリーを増やすとか、妻の趣味にあわせてフルートを習い、家族でコンサートに参加するといった努力をしている人がいる。これらの投資からは、夫婦関係が続く限り便益が得られるが、離婚してしまうとまったく役に立たないか、少なくともその価値は大きく低下する。

子どもも重要な夫婦関係特殊資本である。夫婦関係が円満であれば、子どもから得られる便益が大きいが、離婚してしまえば子どもから得る便益よりも負担のほうが大きくなるかもしれない。再婚への足かせともなることもある。

夫婦関係特殊資本への最適な投資水準は、二人の関係が長続きするほど高く、また、夫婦関係特殊資本への投資が大きいほど二人の関係が長続きする。言い換えると、関係が長続きするカップルほど、相手に尽くす甲斐があるし、また互いにより多く尽くすカップルほど、関係が長続きするということである。

カップルは、少なくとも結婚前には、結婚生活を長く続けたいと思っている。そのようなカップルは、あえて関係の解消を難しくすることで、関係を良くするための努力水準を上げようとするのである。

6 「おめでた婚」と婚外子

欧米では、結婚せずに子どもを生む女性が増えている。いわゆる婚外子である。図4-3は出生児に占める婚外子の割合を国際比較したものである。日本の婚外子の割合は、比較可能なデータがあるOECD諸国のなかでは韓国に次いで低く、二・〇%である。フランスやスウェーデンなど七カ国は五〇%を超えており、結婚している夫婦から生まれる子どものほうが少ない状態である。OECD全体の平均は、三六・三%であり、今や先進国で生まれる子ども三人に一人以上が婚外子である。

ただし、婚外子といっても、大半の親は事実婚のカップルである。また、結婚の制度は国によって異なるので、事実婚のもつ意味も異なる。欧米では日本の協議離婚に当たる制度がなく、日本ほど離婚が自由でないために、結婚をためらうカップルが多い。フランスでは、結婚はしない

▨ 図 4-3　婚外子の割合

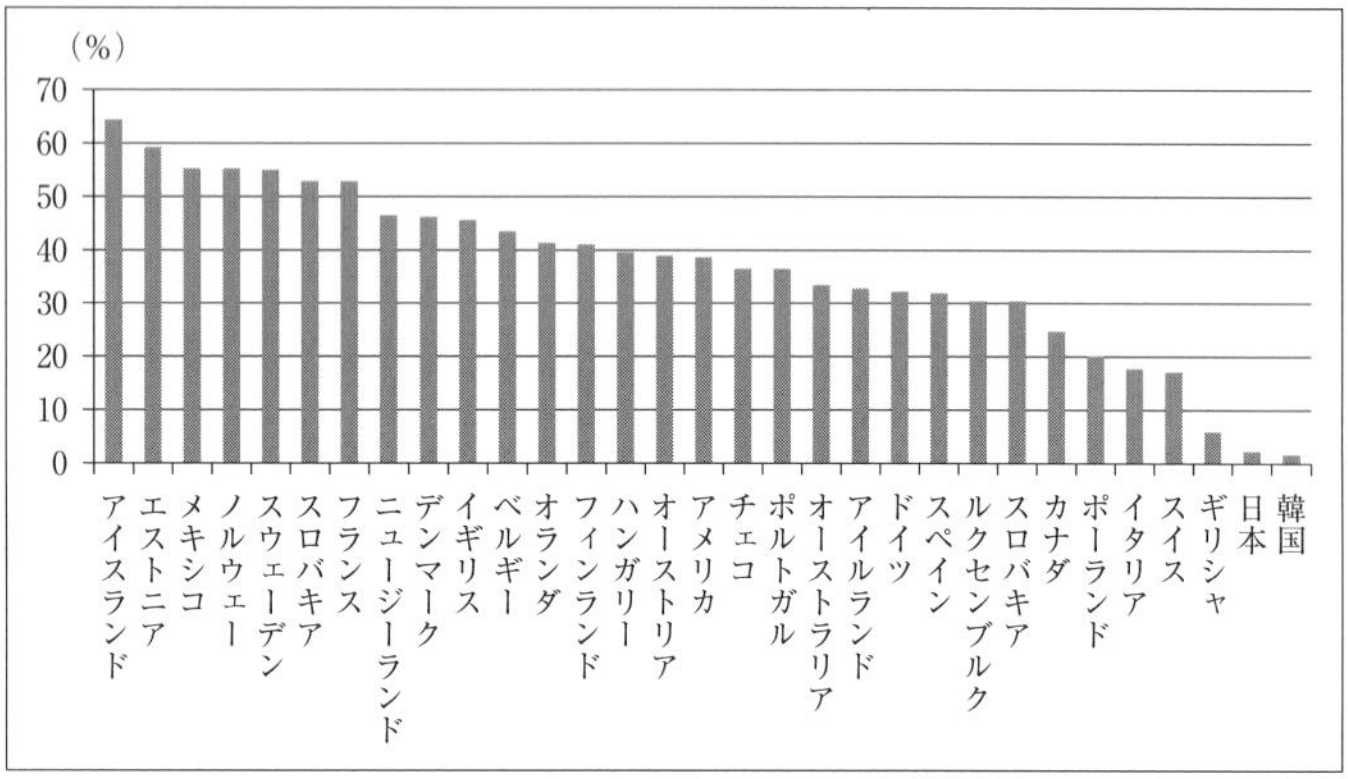

注：日本、イタリア、アイルランド、オーストラリア、アメリカ、ベルギー、ニュージーランドは2007年の、韓国は2006年の、カナダは2005年の、その他の国は2009年のデータである。

データ出所：OECD［2012］, "Proportion of Births out of Wedlock, 2009", OECD Family Database. http://www.oecd.org/social/socialpoliciesanddata/oecdfamilydatabase.htm

が、カップルが相互の権利と義務の関係を決めた契約書を自由に作成し、それを裁判所に提出して公証してもらう制度（民事連帯契約、ＰＡＣＳ）が普及している。それによって、財産相続の場合に結婚と同様の優遇税制が適用される。結婚と事実婚の中間に位置する緩やかな結婚形態といえる。

日本では婚外子は少ないが、妊娠をきっかけに結婚する「おめでた婚」（できちゃった婚、でき婚）が多い。一九八〇年には、おめでた婚による出生は第一子の一二・六％だったが、一九九〇年に二一・〇％、二〇〇〇年に二六・三％となり、その後やや減ったが二〇〇九年でも二五・三%と四人に一人を超えている。母親の年齢別にみると一〇代の第一子出産の八割以上、二〇代前半の第一子出産の六割以上がおめでた婚による出産である(7)。

日本でおめでた婚が多いのは、夫の経済力に頼らなければ育児ができないからである。第一に、母子家庭に対する国の経済的支援が小さい。第二に、母子家庭に限らず全般的に、子育てや教育に関する公的支出が少ない。第三に、婚外子の父親に対して養育費を強制的に出させる制度がない。第四に、仕事と育児の両立が難しく、女性の多くが出産後、仕事を辞めなければならない。第五に、一旦仕事を辞めると、いい条件の仕事に再就職するのは非常に難しい。婚外子の多い国では、これらの事情のいくつかが克服されている。

たとえばフランスでは、婚外子の父親が養育費の支払いを逃れることは難しい。父親が養育費を支払わない場合、彼の雇用者、取引銀行などの第三者から直接払ってもらうことができる。父親がどこにいるかわからなければ、税務署などの公的部門から情報を提供してもらうことができるし、裁判所に申し立てて、父親の賃金、銀行口座を差し押さえることもできる。さらに、国による公的取り立てという手段に訴えることもでき、これに応じないと刑罰が科せられる可能性がある。フランスでは、養育費に限らず、親権についても、結婚しているかどうかは関係ない。父親と母親が親権を共同で行使するのである(8)。

日本の女性にとって出産は、子どもをとるかキャリアをとるかという人生最大の選択である。キャリアを捨てて子どもをとった場合、それ以後の人生は夫の経済力が頼りとなる。したがって、パートナーによるそれだけ強いコミットメント（責任をともなう約束）がなければ出産はできない。その意味で、結婚制度は、出産によって経済的自立を失った女性を守る制度として機能しているのである。

7 結婚で人は幸せになれるか

近年、アンケート調査を実施して、結婚と幸福度の関係を調べる研究が進んでいる。これまでの研究は、結婚している人のほうが、独身の人よりも幸福度や生活満足度が高いという結果を得ていることが多い。これは、結婚によって人々はより幸福になることを示しているようにみえる。

しかし、厳密に考えると、結婚した人が幸せになるのではなく、もともと幸せな人が結婚するのかもしれない。たとえば、仕事ができて人づきあいがうまい人は幸福度が高いだろう。そのような人は結婚する可能性も高いのではないだろうか。さらに、結婚して幸福度が下がった人は離婚する可能性が高い。したがって、結婚している人のほうが幸福度が高いのは、結婚で幸福になった人たちだけが結婚生活を続けているからかもしれない。

結婚自体が人々を幸せにしたのかどうかは、一回限りのアンケート調査ではわからない。同じ人物について継続的に幸福度の変化を調査をする必要がある。そのような調査を使った代表的な研究に、クラークらによる（旧）西ドイツの研究がある。[9]彼らは、一九八四年から二〇〇三年までのデータを使い、結婚や出産や離婚の前後で人々の生活満足度はどのように変化するかを分析した。生活満足度は、現在の生活全般にどの程度満足しているかを〇から一〇点までの一一段階で評価した点数で測る。それによると、男女とも結婚の一年以上前から徐々に生活満足度は上昇し、結婚でピークになる。そして、結婚後、満足度は低下し、結婚後二年で元の水準に戻るのである。結婚の一年以上前から満足度が上がるのは、おそらく恋愛が順調に進んでいるのが原因だろう。結婚後二年で元の水準に戻るのは、結婚生活に慣れて、それが当たり前になるためだろう。

生活満足度とは少し異なるが、結婚生活の満足度について日本の女性に対するパネル調査を使った研究がある。[10]それによると、結婚生活の満足度は結婚直後がピークであり、その後は毎年低下する。

いずれの研究も、新婚当初の幸福度や満足度は長続きしないことを示している。平均的に結婚している人の幸福度が高いのは、もともと幸せな人が結婚する可能性が高いのと、結婚で不幸になった人たちが婚姻関係を解消するためのようである。

8 結婚制度の終焉

文化人類学者のレヴィ＝ストロースによると、部族間の信頼関係を築くために女性を交換するのが、結婚の起源であった。このような結婚は、上流階級では近世までみられた。大名家同士の結婚や公家と武家の結婚は、家同士の結びつきを強めるのが目的であり、恋愛の要素はどこにもなかった。

近世以降、一般庶民にとっての結婚は、父親を特定するという機能をもっていた。江戸時代に妻の不倫が厳しく禁止されていたことについては、第2章「教育」で言及した。戦前の民法が妻にのみ不倫を禁止したのも、妻が浮気をすると父親が誰かわからなくなるからである。夫は、既婚女性との不倫は禁止されていたが、未婚女性との不倫は法律違反ではなかった。未婚女性との不倫は、子の父親の特定の妨げにならないからである。

現在でも、子どもの父親を特定できなくなるからという理由で、女性に対してのみ離婚後半年間の結婚禁止期間が設けられている。しかし、現在ではＤＮＡ鑑定でかなり正確に子どもの父親が特定できる。妻の不倫を禁止し、父親が誰かわからなくなる事態を避けるという結婚の役割は終わっている。

現在、人々が結婚をするのは、一つは事実婚に対する法的差別があるからであり、もう一つは、安心して出産・育児を行なうために、あえて離別のハードルを高くするからである。その背景には、女性は出産に際し、非常に大きな経済的リスクを負わなければならないという事情がある。女性は、出産・育児のために仕事を辞め、一時的に収入がなくなる可能性が高い。パートナーと別れることになれば経済的に困窮したなかで子どもを育てなければならない。

しかし、このような結婚の役割も次第に機能しなくなりつつある。不倫が不法行為であるといっても、それを禁止したり罰したりすることはできない。法律婚によって夫婦関係の解消を困難にするといっても、それは不倫が非道徳的な行為であり、離婚が不名誉なことであるとする社会規範があってのことである。今ではそのような規範も弱くなりつつあり、離婚は長期的に増加傾向にある。

さらに、母親が貧困に陥るリスクが小さくなれば、結婚制度の存在理由がなくなる。欧米で婚外子が多いのは、子育て費用の多くが国によって負担されていたり、父親からの養育費の徴収に国が関与したり、仕事と育児の両立が可能であるために、結婚によって離別のハードルを高くしなくても出産できるからである。フランスやスウェーデンなど婚外子が出生児の過半数を占める国では、結婚制度は消滅しつつあるといえる。まずは、ヨーロッパで、次いでアメリカで、やがてはアジアでも、結婚制度は終焉を迎えるだろう。

・注

(1) 国立社会保障・人口問題研究所「人口統計資料集 二〇一二年版」。
http://www.ipss.go.jp/syoushika/tohkei/Popular/Popular2012.asp?chap=6

(2) 所得分類は、結婚した者については結婚前年の、結婚しなかった者については二〇〇九年の状況である。このような複雑な比較の方法をとるのは、公開されている統計資料がそうなっているからである。本来ならば、一年ごとに前年の収入と結婚確率の関係をみるべきである。

(3) 年収五〇〇万円以上の層でとくに女性の結婚確率が低い原因の一つに、この層の年齢が高いことが考えられる。しかし、公表されている統計からは、年齢の詳細な分析はできない。

（4）「二一世紀成年者縦断調査」に限らず、どの統計でも正規・非正規の判断は回答者に任されている。詳しくは、第7章「正規労働者と非正規労働者」で議論している。

（5）Le Vine, R., S. Sato, T. Hashimoto and J. Verma, "Love and Marriage in Eleven Cultures", *Jounal of Cross-Cultural Psychology* 26, pp. 554-571.

（6）ただし、婚姻関係が事実上破綻している場合は別である。

（7）厚生労働省「出生に関する統計の概況 平成二二年度」。
http://www.mhlw.go.jp/toukei/saikin/hw/jinkou/tokusyu/syussyo06/dl/01.pdf
厚生労働省「出生に関する統計の概況 平成一七年度」。
http://www.mhlw.go.jp/toukei/saikin/hw/jinkou/tokusyu/syussyo05/syussyo3.html

（8）斎藤笑美子［二〇一二］参照。

（9）Clark et al. [2008]。

（10）山口一男［二〇〇九］。パネル調査とは同一の個人に対して（通常は年一回）繰り返し調査をする方法である。この調査方法によって、同じ人物の生活や考え方の変化が観察できる。

第5章

出産と子育て

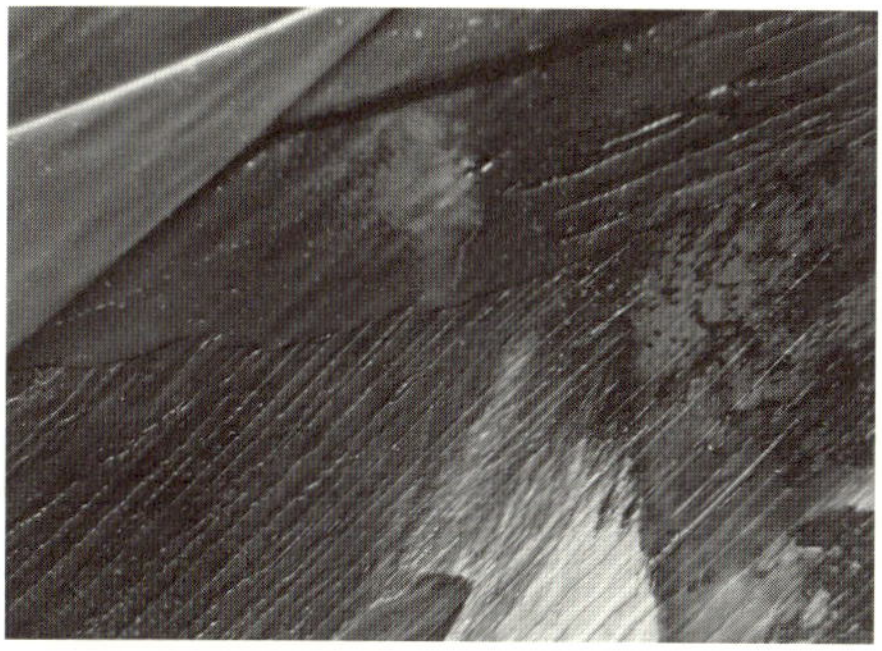

1 女性の社会進出と少子化

少子化が社会問題と化したのは一九九〇年の「一・五七ショック」である。わが国の出生率は、その十数年も前の一九七〇年代半ばから低下しつづけており、それが一時的な現象でないことは、人口学者の間では常識だった。そのことが、一九九〇年になってはじめて大々的にメディアに取り上げられたのは、前年の合計特殊出生率が戦後最低の一・五七を記録したことが明らかになったからである。(1) これによって、少子化が進んでいることの意味を、私たちは否が応にも考えざるをえなくなった。

それまでの最低出生率は、一九六六年の一・五八だった。このときは、前年と比べて出生率が四分の一も下がった。平時にこれほど出生率が低下するとは、普通では考えられない。この考えられないことが起こったのは、その年の干支《えと》が丙午《ひのえうま》だったからである。丙午生まれの女性は気性が激しく、夫の命を縮めるという迷信が、この異常に低い出生率をもたらした。もちろん、これは一時的な現象で、翌年には出生率が回復している。一説によると、この迷信は八百屋お七が丙午生まれだったことに由来しているというから、せいぜい江戸時代以降のものである。次の丙午は二〇二六年だが、この年にもそのような現象がみられるのだろうか。

ほとんどの先進国では一九七〇年代に、女性の就業率上昇にともない、出生率が低下した。そのため、女性の就業率が高い国ほど出生率が低い傾向があった。[2]ところが、一九八〇年代以降はそのような相関関係がみられなくなった。現在では、北欧や北アメリカなど女性の就業率が高い国では出生率が比較的高く、南欧や東アジアなど女性が家事や育児に専念することが多い国では出生率が低い。

これは、どう理解すればいいのだろうか。一九七〇年代に女性の社会進出とともに出生率が下がったのは、仕事と育児は両立しがたいものだったからである。しかし、女性の社会進出と出生率の低下が早く起こった北欧では、公的保育サービスや育児休業制度の充実など仕事と育児の両立施策を積極的に実施した。また、北欧に続いてその他のヨーロッパ諸国もそれぞれ両立支援政策を実施した。それによって、出生率の低下に歯止めがかかり、国によってはやや上昇に転じた。

また、アメリカでは一九七〇年代に低下した出生率が一九八〇年代に回復し、一九九〇年代以降は二・〇前後で推移している。この間、ヨーロッパのように、仕事と家庭の両立政策を国が強力に推進したわけではない。現在も、一部の州を除いて育児休業制度はなく、公立の保育所も限られている。(3) 母親が働いている間の子どもの世話は、子どもの父親、祖父母、兄弟などの家族や親族がみることが多いのが現状である。

それにもかかわらずアメリカで出生率が高いのには三つ理由がある。一つは、性別分業が緩やかで、男性も育児に参加するのが当然とされていること、もう一つは、労働市場が流動的であるため、出産や育児で一度仕事を辞めても次の仕事を見つけやすいこと、そして三つめは、在宅勤務制度やフレックスタイム制度など、育児と両立しやすい柔軟な働き方を取り入れている企業が多いことである。日本には、このいずれもが当てはまらない。

2 出産と就業

出産前後の女性の就業状態を最も正確に捉えた日本の統計は、厚生労働省の「二一世紀出生児縦断調査」である。これは、二〇〇一年一月一〇日から一七日の間、および七月一〇日から一七日の間に生まれたすべての子どもとその親を対象とした調査である。最初の調査は二〇〇一年に行なわれたが、その後、毎年同じ子どもと親を対象に調査が繰り返されている。

二〇〇一年に出産した女性が対象なので、出産前後の就業率の統計としてはやや古いが、正確さという点でこれに勝るデータはない。そこでまず、この統計から紹介しよう。第一子を出産した女性のうち、その一年前に仕事に就いていた人は七四％だった。ところが、出産半年後には、仕事に就いている人が二五％に減っている。つまり、第一子の出産を契機に、仕事に就いている人と就いていない人の割合が、三対一から一対三へと入れ替わったことになる。別の面からみると、第一子出産一年前に仕事をしていた女性のうち、三人に二人は出産前後に仕事を辞めている。

では第一子の出産前後、女性の勤務形態はどのように変化しただろうか。出産一年前は正規労働者が四七％、パート・アルバイトが二三％だったのが、出産半年後には、それぞれ一八％と三・一％に低下した(4)。正規労働者はおよそ三分の一に、パート・アルバイトはおよそ七分の一に減っている。正規労働者よりパート・アルバイトのほうが大きく減少しているのは、パート・アルバイトなら、一旦辞めても同じ程度の仕事を比較的簡単に見つけられるからだろう。後でみるように、正規労働者が仕事を辞めて子育てに専念すると、再び正規労働者に戻ることは至難の業である。

▨ 図 5-1　末子年齢別母親就業率の国際比較

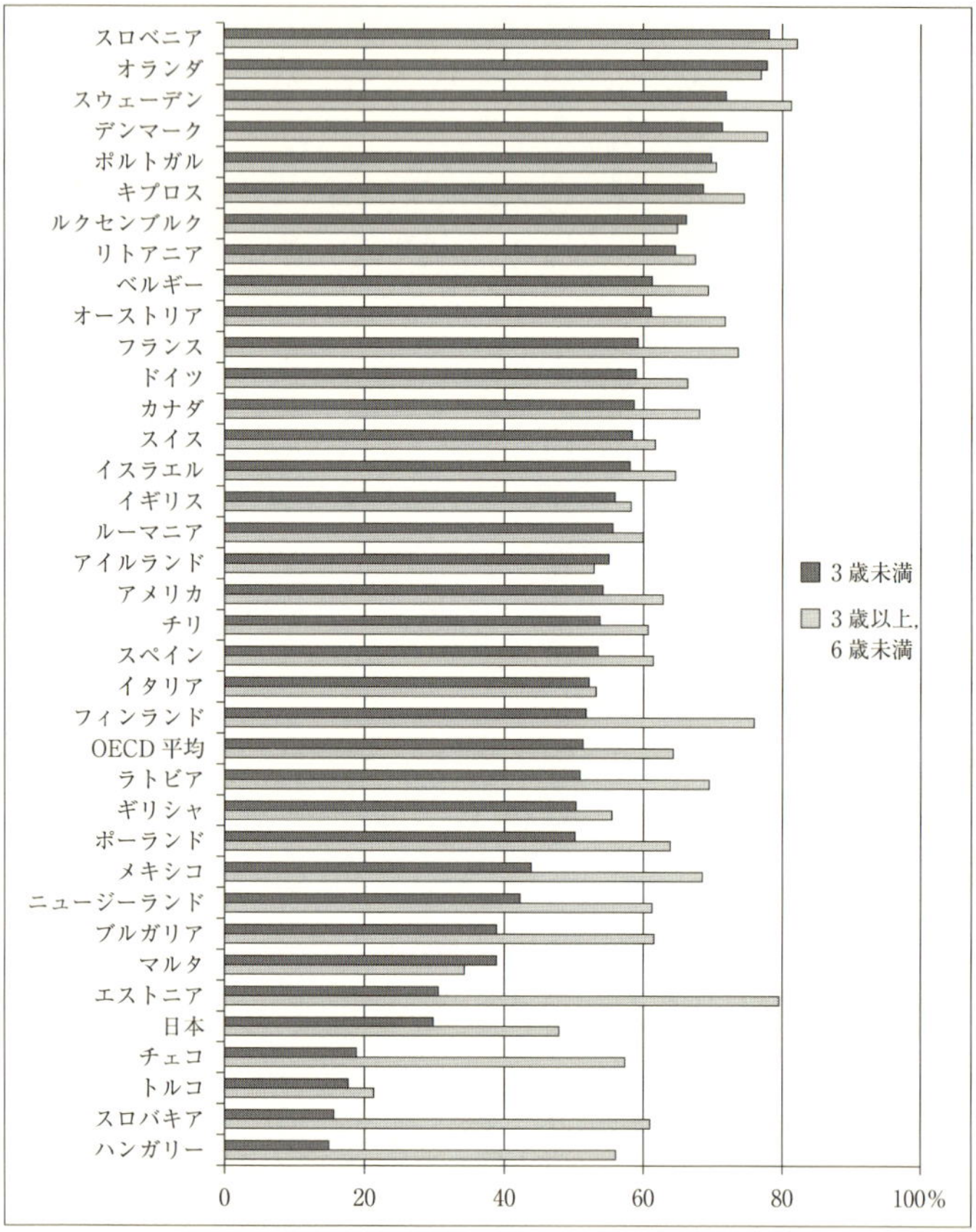

注：データは 2009 年のものである。

出典：OECD［2011］，OECD Family Database, OECD, Paris.
Chart LMF1.2.B: Maternal employment rates by age of youngest child, 2009.
http://www.oecd.org/social/family/database

第一子の出産を契機に、仕事をしている女性としていない女性の割合が、三対一から一対三へと入れ替わるという現象は、より最近のデータでも確認できる。二〇一〇年に国立社会保障・人口問題研究所が実施した「第一四回出生動向基本調査」によると、二〇〇五年から二〇〇九年までの間に第一子を生んだ女性のうち、妊娠前に仕事に就いていた人は七五％だったが、出産後も就業している人は二五％にすぎなかった(5)。

妊娠や出産を機に勤めを辞めるのは、日本では普通のことだが、世界的には少数派である。図5-1は、先進諸国における母親の就業率を末子の年齢別に比べたものである。末子年齢は三歳未満と三歳以上六歳未満に分けている。濃い色の棒は末子が三歳未満の母親の就業率、薄い色の棒は末子が三歳以上六歳未満の母親の就業率である。

末子が三歳未満の母親の就業率をみると、日本は三〇％で、データが入手可能な三六カ国のなかで三二位である。OECD諸国の平均値は五一％であり、末子が三歳未満の母親の約半数が仕事に就いていることがわかる。一方、末子が三歳以上六歳未満の母親の就業率をみると、日本は四八％で三四位である。日本より母親の就業率が低い国はマルタとトルコしかない。OECD諸国の平均値は六四％である(6)。

全体的傾向をみると、末子が三歳未満の母親の就業率は、末子が三歳以上六歳未満の母親の就業率よりばらつきが大きい。言い換えると、末子が三歳未満の母親の就業率が低い国も、末子が三歳以上六歳未満になるとかなり就業率が回復するということである。この傾向は、末子が小学校や中学校に通う年齢になるとさらに顕著になる。図にはないが、末子が六歳から一四歳の母親の就業率は、トルコ、マルタ、イタリアの三カ国を除いて六〇%から九〇%の範囲に収まっている。

日本女性の就業率は、学校卒業期に上昇するが、出産期に一度低下し、子どもが就学する時期に再び上昇する。横軸に年齢をとり、縦軸に女性の就業率をとって折れ線グラフを描くと、二〇代後半と四〇代後半にピークができる。形がアルファベットのMに似ているので、日本の女性のような就業パターンはM字型曲線と呼ばれている（第7章、図7-2参照）。かつては、ほとんどの先進国の女性の年齢別就業率はM字型をしていたが、出産退職が減少するとともにM字のくぼみがなくなり、逆U字型となった国が多い。

3 「出産退職、再就職」の理想と現実

独身女性は、どのようなライフコースを想い描いているのだろうか。「出生動向基本調査」（厚生労働省）は一九八七年以降、独身女性が考える理想のライフコースを定期的に調査している。選択肢は五つであるが、ほとんどの女性は、次の三つのコースのいずれかを選択している。

(1) 専業主婦コース：結婚し子どもをもち、結婚あるいは出産の機会に退職し、その後は仕事をもたない

(2) 再就職コース：結婚し子どもをもつが、結婚あるいは出産の機会にいったん退職し、子育て後に再び仕事をもつ

(3) 両立コース：結婚し子どもをもつが、仕事も一生続ける

調査によると、一九九二年までは、専業主婦コースが最も多かったが、一九九七年には、再就職コースが専業主婦コースを追い越して、最も多くなった。二〇一〇年調査では、再就職コース

（三五％）と両立コース（三一％）が拮抗し、専業主婦コースを理想とする女性は二〇％に減っている。(7)

独身女性の多くが出産退職・再就職を理想の働き方としているが、再就職で出産前と同程度の仕事を見つけることができる女性はほとんどいない。しかし、学生の間ではそのことは案外知られていない。女子学生に理想のライフコースを尋ねると、出産退職・再就職をあげる学生が最も多い。しかし、彼女たちの多くは、いったん仕事を辞めても、子育て後にまた同じような仕事に就きたいという希望、というより幻想を抱いている。正規労働者を辞めて子育てに専念すると子どもの手が離れたときに正規労働者として再就職するのは不可能に近いこと、非正規労働者の給与は正規労働者より著しく低く、雇用は不安定であることなどは知らずにライフコースを描いている。(8)

実際、正規労働者で再就職する人がいかに少ないかを統計でみてみよう。図5-2は、「二一世紀出生児縦断調査」をもとに、二〇〇一年に生まれた子どもが九歳（小学校三年生）になるまでの、母親の就業状態の推移を描いている。(9) それによると、二〇〇一年に子どもを生んだ女性の半年後の就業率は二五％であった。同じ女性の就業率は毎年回復し、子どもが九歳になる頃には六四％にまで上昇している。九年ほどの間に就業率がおよそ四〇ポイント上昇したことは、出産退

図5-2　子どもの年齢と母の就業状態

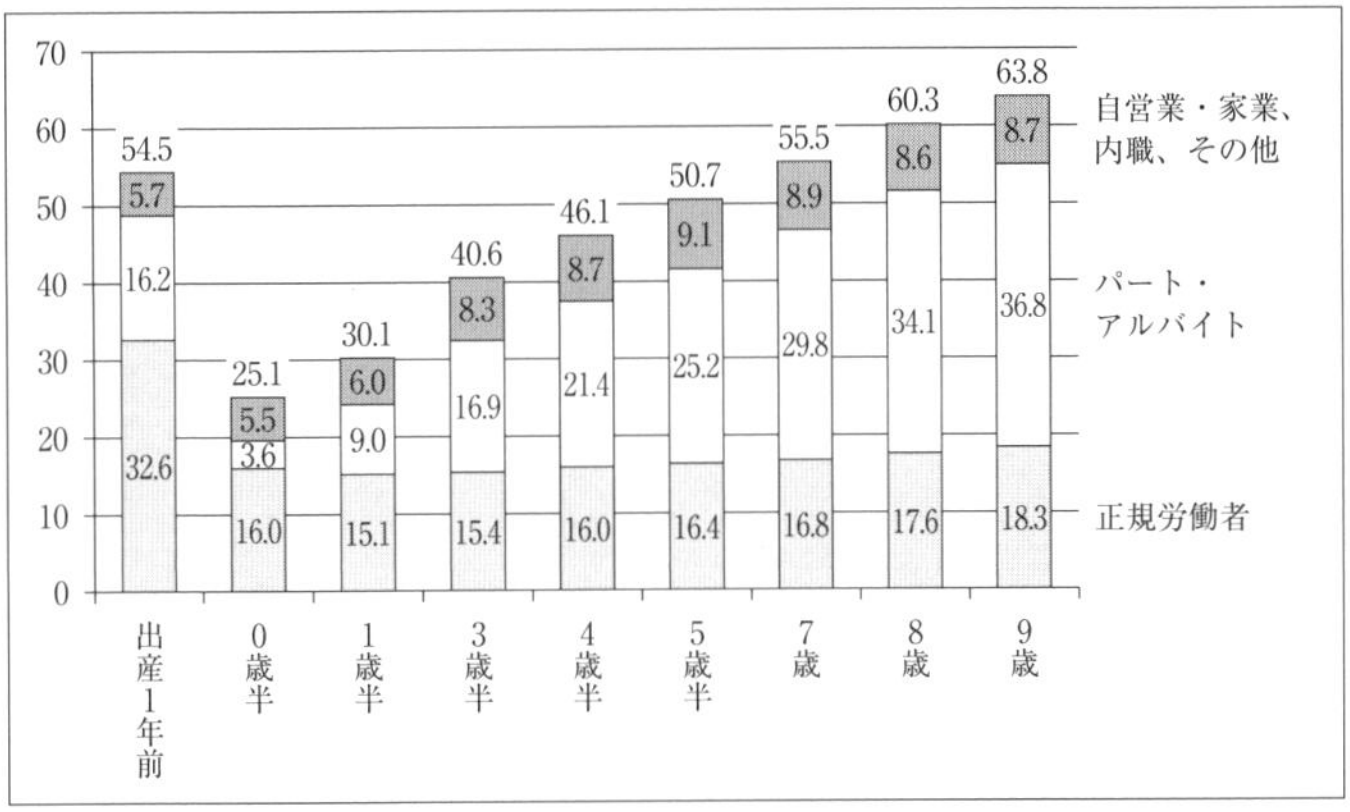

注：1)　この調査では「正規労働者」でなく「常勤」という用語を用いているが、本章では「正規労働者」で統一する。詳しい説明は、章末の注4を参照されたい。
2)　子どもが2歳半のときの母親の就業状態についての詳細なデータはない。
3)　子どもが5歳半のときの調査の次の調査は、6歳半のときではなく7歳の誕生日の直後に行なわれた。

出典：厚生労働省『第9回21世紀出生児縦断調査（平成13年出生児）の概況』。
http://www.mhlw.go.jp/toukei/saikin/hw/syusseiji/09/dl/02.pdf

職・再就職を選択する女性がいかに多いかを物語っている。その後の統計はまだ公表されていないが、おそらく二～三年後に七割を超えるだろう。

　問題は、勤務形態である。出産半年後と九年後を比較すると、パート・アルバイトは、三・六％から三七％へとおよそ一〇倍に増えているのに対し、正規労働者は、一六％から一八％へとほとんど増えていない。出産退職した女性を正規労働者として中途採用する企業は非常に少ないし、採用するとしても専門的技能や知識をもった女性に限られる。

また、正規労働者よりパートを好んで選択する女性が多いのも事実である。正規労働者の仕事は責任が重く、労働時間も長く不規則である。人並みに家事や育児をしていてはとても務まらない。家計の補助や自分の小遣い程度の収入が目的であれば、パートのほうが気楽で家庭も円満になると考える女性が多い。

4 育児支援と雇用制度

日本では、育児は女性の責任とする風潮が強く、子どもが小さいうちは保育所に預けず自分の手で育てることが、子どもにとって幸せだと考える女性が多い。一方で、そのような考えを「三歳児神話」として批判する人たちもいる。しかし、どちらが子どもにとって幸せかという論争はあまり意味のあるものとは思えない。それは、子どもの個性、母親の育児能力、家庭の育児環境、そして何より保育所が提供するサービスの質によって大きく異なるからである。保育サービスの質が向上すれば、保育所で幸せに育つ子どもが多くなるのはいうまでもない。

また、保育所に預けるか自分で育てるかの選択は、仕事を続けるか辞めるかの選択でもある。したがって、どちらが子どもにとって幸せかは、仕事と育児の両立が可能な職場環境か否かにも依存している。

日本の雇用制度は家庭での性別分業を前提に成り立っており、仕事と育児の両立が容易であるとは言いがたい。正規労働者は恒常的に労働時間が長いうえに、残業、休日出勤、出張など企業の都合に応じた働き方を要求される。労働者のライフサイクルに応じた柔軟な働き方が必要な時代に、企業の都合に応じた働き方を要求されるのが日本企業の正規労働者である。育児を任せられる主婦がいなくては正規労働者は務まらない。

正規労働者の所定労働時間は、一日八時間、週四〇時間という企業が多いが、多くの企業では毎日一時間程度の残業をするのが当たり前であり[10]、職場によっては夜中まで残業することも珍しくない。

家事や育児の負担がある女性は長時間労働には耐えられない。そのような女性労働者が企業の正規労働者を辞めていくため、残った正規労働者は家事や育児の負担のない男性労働者が多くなる。彼らは、給料を家計に入れるのが何よりも重要な役割であるから、安定した雇用を得るためなら不規則で長時間にわたる労働をいとわない。それどころか、残業が減ると会社に苦情が届くのである。

筆者は二〇〇八年のリーマンショックの半年後に、製造業の正規労働者を対象にしてアンケート調査を行なったことがある。その結果、会社に対する要求で最も多かったのは、残業時間を増やしてほしいというものだった。仮に一日二時間程度の残業をしていた人の残業がまったくなくなると、所得は二割程度下がる。これは、家計にとっては大きな減収である。

5 マミー・トラック

仕事と育児の両立が難しい社会環境のもとで、女性の就業意欲が高まれば、出生率が低下するのは自然な成り行きである。少子化の主要な原因は晩婚化・非婚化であるといわれるが、晩婚化・非婚化は、仕事と育児の両立の難しさと無関係ではない。今の日本人にとって、出産は結婚の延長線上にある。結婚して子どもをつくらない生活を理想とする独身男女はほとんどいない[11]。女性にとって、結婚するかしないかの選択は、子どもを生むか生まないかの選択であり、仕事を続けるか辞めるか（あるいは、正規労働者で働き続けるかパートになるか）の選択でもある。もちろん、結婚、出産、就業の成り行きは、いずれも偶然に左右されるため、本人の予想通りに事が運ぶわけではない。しかし、仕事と育児の両立の難しさが、結婚の魅力を大きく低下させていることは間違いない。

このような事情を反映して、政府の少子化対策の中心は仕事と育児の両立対策に置かれている。一九九二年に施行された育児休業法は、その後何度か改正され、今では最長で子どもが一歳六カ月になるまで仕事を休むことができる。その間、給与の半分が雇用保険から支払われる。また、次世代育成支援対策推進法では、一〇一人以上を雇用する事業主に対し、育児支援策の策定を義務付けている。そして、育児休業取得率などにおいて一定の実績を上げた企業には、育児支援企業としての認定が与えられ、認定マークを商品に付けることが許される。さらに、ほとんどの都道府県では、中小企業の育児支援策に対し、何らかの財政的支援を行なっている。

しかし、少子化対策による仕事と育児の両立支援策の推進にもかかわらず、変わらないものがある。それは、家庭での性別分業と、それを前提とした日本的雇用制度である。[12] 二〇一一年の育児休業取得率は、女性が八八％であるのに対し、男性は二・六％にすぎない。そのほか、育児のための短期間勤務制度や残業免除の制度などの利用者もほとんどが女性である。[13] 他方、男性正規労働者の働き方はほとんど変わっていない。正規労働者の大半は、相変わらず長く不規則な労働時間制度のもとで、残業、休日出勤、出張、転勤など企業の都合に応じた働き方をしている。

子どもを生んだ女性社員が基幹的職種から外され、キャリアを積むことが困難になることを、マミー・トラックに陥るという。日本では、マミー・トラック以前に、出産後も継続して就業できる会社が少ないのが問題であるが、育児支援制度が進むにつれてマミー・トラックが問題になりつつある。子どものいる女性だけが、一年間も仕事を休み、職場復帰後も早く退社し、残業も免除され、男性社員や子どものいない女性社員にそのしわ寄せが来る。そこで、子育て中の女性には、同僚や上司からのさまざまな不平不満が向けられる。

「育児休業や育児のための短時間勤務制度を、当然の権利だという顔で利用している女性社員がいる。女子学生のみなさん、社会人になったら周りの人の犠牲のうえにそのような制度が成り立っていることを忘れてはいけません」。これは、ある会社の人事課長に講義のゲストとして来ていただいたときの言葉である。決してそのような話をしていただくために呼んだわけではないのだが、つい本音が出たのであろう。はたして育児休業や育児のための短時間勤務制度は、法で定められた「当然の権利」ではなかっただろうか。周りの人に犠牲を強いらないようにするのが、人事部や上司の役割ではないだろうか。

制度を利用しない人の不平不満は、日頃から職務分担が曖昧であることから生ずる。欧米先進国と異なり、日本では個人の職務が明確でない企業が多い。部や課単位のチームワークが重視され、課員同士が互いに助け合いながら仕事をする。そのため、短期の育児休業や短時間勤務制度などを利用する社員がいる場合、人員を補充するよりも、同じ課の同僚がそれを補うのが普通である。また、長期の育児休業の場合は、派遣やパートなどの非正規労働者を雇用することが多いが、その場合も非正規労働者が休業者の仕事を完全に代替できるわけではないので、同僚に負担がかかることが多い。

長期間の育児休業をとったり、短時間勤務を長期間続けるうちに、周りから戦力として期待されなくなり、本人も意欲をなくしていく。育児支援制度が充実している企業にこそ、このようなマミー・トラックに陥る女性が多い。それは、企業にとっても本人にとっても不幸なことである。

マミー・トラックに陥るのを防ぐには三つの対策が考えられる。一つは、職場環境の整備である。同僚が休業者のしわ寄せを受けないような業務体制の工夫、管理職や同僚への啓蒙、休業からの復帰を円滑に進めるための研修や情報提供などが必要である。

もう一つは、企業が女性社員を必要としているという姿勢を全社員に示すことである。育児支援を受けている女性社員に対しても、本人のやる気と能力に応じた責任のある仕事を任せ、職業人としての自覚を促すことでキャリア形成の意欲を保つことが可能になる。

そして三つ目は、男性の育児休業取得率を上げることである。育児休業をとるのが女性に限られ、基幹的な仕事をしている男性労働者がとらないために、育児休業をとる女性が閑職に追いやられる。みんながとれば、それが普通となり、マミー・トラックは解消される。東京都文京区区長の成澤廣修氏が男性首長として初めて育児休業を取得したのを機に、自治体の男性首長の育児休業取得が増えているのは、伝統的性役割への挑戦として評価できる。

6 男性の育児

男性の育児参加は、まずは夫婦間の問題であるから、企業や政府が介入するのは難しい。しかし、男性のなかには育児休業をとりたいけれども言い出せない人も少なくない。そのような人には、企業からの積極的な働きかけがあるとありがたい。

旭化成グループは、二〇〇六年一月に育児休業制度を改定した。改定の主なポイントは、育児休業を五日間有給にしたことと、配偶者が専業主婦でも取得できるようにしたことである[14]。また、取得者には自社製品を利用したオムツなどをプレゼントする「育児休業取得促進キャンペーン」を展開した。さらに子どもが生まれて八カ月時点で育児休業を取得していない社員には取得を促すメールを人財・労務部より発信するなど、きめ細かい取り組みをしている。その結果、配偶者が出産した男性の約五割が育児休業を取得するようになった。

旭化成の例は、企業が本気になれば、男性の育児休業取得率も上がることを示している。このような企業が増えれば、日本社会の性役割は徐々に変化していくことだろう。しかし、女性の育児休業取得と比べて男性の育児休業取得から企業が得られるものが小さいのも事実である。女性の場合、育児休業によって離職率の低下を期待できるが、男性の場合はそれが期待できない。そもそも出産で離職する人がほとんどいないからである。男性の育児休業は、男性本人の勤務先企業よりも、妻の勤務先企業のほうの便益が大きいかもしれない。男性の育児休業取得により、その妻の育児休業期間が短くなり、早く職場に復帰できるからである。

仕事と育児の両立支援策、とくに男性への両立支援策は、多くの企業が一斉に取り組めばより大きな効果が期待できる。次世代育成支援対策推進法は、従業員数一〇一人以上の企業に対して、育児支援対策（一般事業主行動計画）の策定、都道府県労働局への報告、公開、従業員への周知を義務化（一〇〇人以下の企業については努力義務）している。今後は、この政策がさらに実効性のあるものとなることが望まれる。

育児支援対策の策定やその情報公開を義務化したことは大きな前進であるが、まだ十分とはいえない。次世代育成支援企業として「認定」を受ける企業を除けば、どのような「計画」や「目標」が必要であるかについてのガイドラインがない。

7 保育所

仕事と育児の両立にとって、職場環境に劣らず重要なのが保育所である。現在、約二一二万人の子どもが保育所に入っている[15]。これは、就学前児童数の三三％に当たる。幼稚園には約一六〇万人の子どもが通っているので、合計三八二万人、就学前児童の五八％が保育を受けていることになる[16]。

保育所の定員は毎年増加し、それに応じて利用児童数も増加しているにもかかわらず、待機児童は一向に減る兆しがみえない。二〇一二年四月一日時点での待機児童数は二万五〇〇〇人である。保育所の定員は前年から三万六〇〇〇人増えたが、待機児童数はほとんど変わっていない。このことは、働きたい母親が増えていること、両親が就業中に子どもの世話をしてくれる祖父母などが近くにいる親が減っていること、保育所に空きがあれば働きたいと思っていてもあきらめて待機リストに名前を載せない親がいることなどが原因である。

保育所に預けられた子どもが、健全に育ち幸せな大人になるかどうかは、保育サービスの質に依存している。ところが日本では、他の先進諸国と比べると保育への公的支出が少ない。幼稚園を含む保育サービスへの公的支出はＧＤＰの〇・三三％で、比較可能なデータが存在するＯＥＣＤ三三カ国のうち二六番目である。[17] 少ない予算で保育サービスを提供することは、保育士にとって大きな負担になっている。責任が重い割に給与水準が低いため、離職率が高く、保育士不足が深刻な問題になっている。

日本は、保育所に限らず、教育を含めた子どものための予算（対ＧＤＰ比）が、先進諸国のなかで最も少ない国の一つである。人口の高齢化により、高齢者の割合が増加し、若者の政治的発言力は低下する一方である。その結果、高齢者重視、若者軽視の政策が続いている。若い世代を育てようとしないこの国の将来は暗い。

・注

（1）合計特殊出生率とは、女性一人が一生の間に生む子どもの数の推定値である。それは以下のようにして求める。まず、ある年齢の女性が生んだ子どもの数をその年齢の女性人口で割った値を計算する。これをその年齢の特殊出生率という。次に、一五歳から四九歳までの特殊出生率を合計する。これが合計特殊出生率である。人口を一定に保つには二・〇七の合計特殊出生率が必要であるとされる。

（2）内閣府『男女共同参画白書 平成一八年版』。

（3）アメリカでは、育児休業に代わるものとして、家族および疾病休業（Family and Medical Leave）がある。出産や家族の病気の場合に一二週間の無給の休みをとれる制度である。

（4）「出生児縦断調査」では「正規労働者」ではなく「常勤」という用語を使っているが、ここでは前後の文章の流れから「正規労働者」という用語を用いる。同調査では「常勤」の定義は回答者の判断に任されている。派遣社員、契約社員、期間工、嘱託なども、フルタイム勤務であれば「常勤」に含まれる可能性がある。

（5）これらの数字は、この質問に対して回答した人を一〇〇として計算している。全体の五・二%はこの質問に回答していない。国立社会保障・人口問題研究所「第一四回出生動向調査」。

http://www.ipss.go.jp/ps-doukou/j/doukou14/chapter5.html

（6）図5-1には韓国が含まれていないが、韓国は日本と大きな違いはないと思われる。

（7）この質問の選択肢は五つで、専業主婦コース、再就職コース、両立コース以外に、DINKSコース（結婚するが子どもはもたず、仕事を一生続ける）、非婚就業コース（結婚せず、仕事を一生続ける）がある。DINKSコースと非婚就業コースを選択する女性は少なく、両方合わせても一〇%を超えたことはない。

（8）正規労働者と非正規労働者の労働条件の違いについては第7章「正規労働者と非正規労働者」で詳しく議論する。

（9）二〇〇一年に生まれた子どもに弟や妹がいる可能性があるので、必ずしも子どもの年齢が末子年齢に等しいわけではない。また、兄や姉がいる可能性もあるので、出産一年前に子どもがいなかったとは限らない。
（10）二〇一〇年の「賃金構造基本統計調査」によると、フルタイム正規労働者男性は六月に一四・五時間、フルタイム正規労働者女性は八・〇時間残業をしている。週五日間働くとすると、男性は出勤日には一日四〇分、女性は二二分残業していることになる。
（11）二〇一〇年に行なわれた「第一四回出生動向調査」によると、結婚して子どもを生まない生き方を理想とする独身女性は三・三％、独身男性は二・六％にすぎない。
（12）男性の家事・育児への参加やそれを可能にする職場環境の構築が少子化を止めるために必要であることは、政府の少子化対策でも強調されている。しかし、それを強力に推進する政策はとられていない。
（13）厚生労働省「雇用均等基本調査　平成二二年」によると、「短時間勤務制度」、「所定外労働の免除」、「始業・終業時刻の繰上げ・繰下げ」、「事業所内託児所」の男性の利用者はほぼ〇人だった。男性が比較的利用している制度としては、「育児の場合に利用できるフレックスタイム制度」と「育児に要する経費の援助措置」があるが、それぞれ女性利用者の四％と五％にすぎない。
（14）二〇一〇年の改正育児休業法施行により、配偶者が就業しているか否かにかかわらず、育児休業を取得できるようになった。
（15）厚生労働省「保育所関連情報取りまとめ（平成二三年四月一日）」。
http://www.mhlw.go.jp/stf/houdou/2r98520000001q77g.html
（16）文部科学省「学校基本調査　平成二三年度」。
（17）OECD, OECD Family Database, Chart PF3. 1. A Public expenditure on childcare and early education services,

per cent of GDP, 2007.

http://www.oecd.org/els/familiesandchildren/oecdfamilydatabase.htm

第6章

性別分業

1 日本の性別分業

日本は、韓国と並んで「男は仕事、女は家庭」という性別分業がはっきりしている国である。図6-1はOECD諸国のうち、生活時間の男女別統計が得られる二六カ国について、男性のアンペイド・ワークの時間を一〇〇とした場合の、女性のアンペイド・ワークの時間を描いたものである。アンペイド・ワークとは、賃金が支払われない労働という意味で、家事、育児、介護、ボランティア活動などが含まれる。

図をみると、どの国も一〇〇を超えており、女性のほうが男性よりたくさんアンペイド・ワークをしていることがわかる。しかし、二六カ国中一八カ国では女性のアンペイド・ワークが男性の二倍未満であり、三倍を超えているのは六カ国にすぎない。日本の女性は、男性の四・六倍のアンペイド・ワークをしており、韓国に次いで格差が大きい。

アンペイド・ワークに大きなジェンダー格差があるということは、裏返せばペイド・ワーク

▨図6-1　女性のアンペイドワーク（男性＝100）

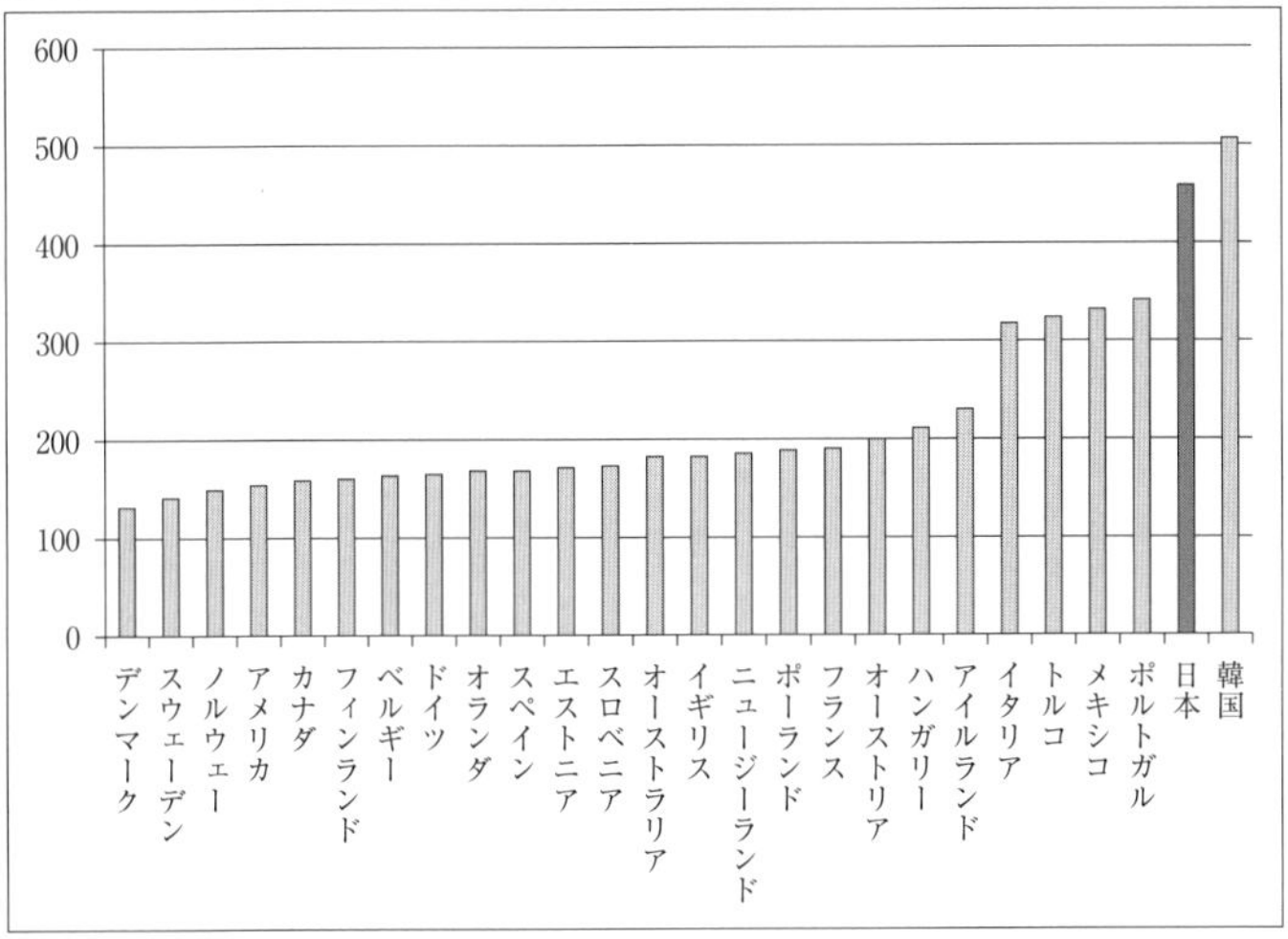

注：1）アンペイド・ワークは，家事，育児，介護，ボランティア活動など，賃金を支払われない労働の合計である。
　　2）データは2009年のものである。
出典：OECD Society at a Glance 2011.
　　http://www.oecd.org/gender/closingthegap.htm

（賃金が支払われる労働）にも大きなジェンダー格差があるということだ。事実、一五歳から六五歳までの日本の女性労働力率は男性の七四・六％しかなく、ギリシャ、韓国、イタリアなどとともに、OECD諸国のなかでは低い水準に属する。三四カ国中二五カ国で女性の労働力率は男性の八〇％を超えている[1]。

　生まれた時からずっと日本に住んでいると、日本が一番自然な社会だと思ってしまう。しかし、性役割に関する限り、日本は標準からはかなり外れている。一九八〇年代に、労働省婦人労働局長として男女雇用機会均等法の策定に奔走した赤松良子氏は、当時、政界や財界から均等法制定に対する強硬な反対意見があったことを回顧録に記している。当時の日本では、女性は仕事をせず家庭にいるのが幸せであり、働かざるをえない女性は保護法で守ってやらなければならない（つまり、深夜労働や危険業務に従事させてはならない）というのが一般的な考えだった。このような固定観念は、論理的に説得してもそう簡単に変わるものではない。赤松は「日本の常識は世界の非常識」と嘆いた。(2)

2 主婦が家事を創り出した高度経済成長期

日本で、現在のような性別分業が形成されたのは、高度経済成長期である。家事労働といっても、その内容は時代とともに大きく変化する。インドネシアの田舎町に住んでいた友人の話によると、家事労働は本当に大変だという。魚を丸ごと一匹買ってきて調理するのはともかく、鶏も一羽生きたまま買って帰って絞めるところから始めないといけないのだそうである。まさに一日

図6-2 家庭電化製品普及率

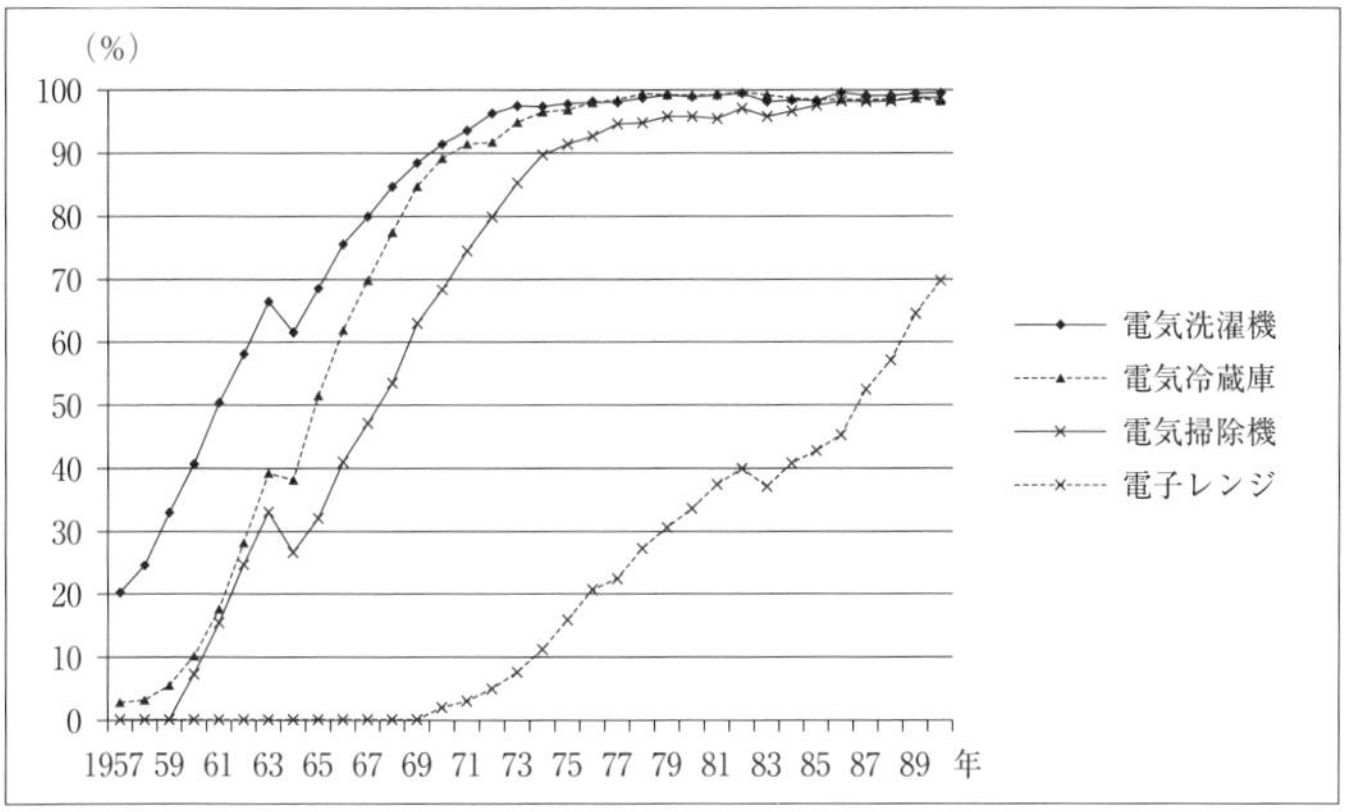

出典：内閣府［2011］,「主要耐久消費財等の普及率」。
http://www.esri.cao.go.jp/jp/stat/shouhi/2011/1103fukyuritsu.xls

仕事である。

わが国も戦前は、おそらく似たような状態だっただろう。朝起きて、かまどに火をおこし、お釜でご飯を炊くのが一日の始まりだった。冷蔵庫はなかったから、生鮮食料品を買い置きすることはできず、毎日買い物をしなければならない。明日のおかずを作り置きするのも難しい。洗濯は、たらいと洗濯板でゴシゴシ洗った後、水を吸って重くなった洗濯物を手で絞らなければならない。風呂も薪をくべて温めなければならなかった。

家事労働の風景が大きく変わったのは一九五〇年代後半に始まる高度経済成長期である。電気洗濯機、電気冷蔵庫、電気掃除機などの家電が普及し、家事の合理化が進んだ。図6-2は、家事に使用する家電製品の普及率の推移を示している。電気洗濯機の普及率は、一九六〇年の四〇・六%から六五年には六八・五%、七〇年には九一・四%、七五年には九七・六%へと上昇している。電気冷蔵庫も六〇年の一〇・一%から七五年には九六・七%へ、電気掃除機も同じく七・七%から九一・二%へと上昇している。このように、一九七五年までには、洗濯機、冷蔵庫、掃除機がほとんどの家庭に普及し、家事労働はかなり合理化できたはずである。

梅棹忠夫が「妻無用論」において「妻であることをやめよ」と喝破したのは、まさに家事の合理化が進みはじめた一九五九年のことである。家事の合理化によって、専業主婦の役割はなくなった。「女は、妻であることを必要としない。そして、男もまた、夫であることを必要としないのである」と梅棹は説いた。

しかし、不思議なことに、一九六〇年代に家事労働時間は、逆に長くなった。NHKの「国民生活時間調査」によると、一九六〇年から七〇年までの間に、二〇歳代女性の家事時間は四時間四九分から五時間八分へと、わずかながら増えている。三〇歳代女性でも、六時間九分から六時間二五分へ増えている。この間、家事が相当に機械化、合理化されたことを考えると、不思議な現象といわざるをえない。

家事時間が延びた最大の原因は、専業主婦の増加である。当時、専業主婦は豊かな中流家庭の象徴だった。妻が専業主婦となることは、妻にとっては仕事から解放され、家族のための家事に専念することを意味し、夫にとっては、家族を養うことができる一人前の男になることを意味する。「妻が仕事をしなくても生活できる賃金を」というのが当時の労働組合のスローガンでもあった。高度経済成長の始まりにより、夫の所得水準が上昇し、専業主婦になれる妻が増えたのである。

しかし、家事の機械化によって、家事はそれほど時間を費やすものではなくなった。そこで、主婦たちは新しい家事、より質の高い家事を創出することで、自分たちの存在意義を確認するようになった。

家事の創出には、テレビの果たした役割も無視できない。テレビ普及率は一九五八年に初めて一〇％を超えたが、その三年後には五〇％を超え、さらにその四年後の一九六五年には九〇％に達した。テレビの普及とともに料理番組や育児番組が、よき妻、よき母の像を提供するようになった。一九五九年には、ＮＨＫの幼児番組「おかあさんといっしょ」の放送が開始され、これは現在も続く長寿番組となった。また、アメリカから輸入されたホーム・ドラマが専業主婦のいる豊かな中流家庭をモデルにしていたことも、専業主婦へのあこがれを助長した。皮肉なことに、その頃アメリカでは、フェミニストたちが女性に女らしさを押し付ける社会に対する批判の声を上げ、それがアメリカと西ヨーロッパを飲み込む大きなうねりとなりつつあったのである。

3 家事労働の経済学

では、どうして日本ではこのように明瞭な性別分業が存在しているのだろうか。性別分業には合理性があるとする主張がある一方で、それが歴史的に形成された性役割に根ざしているとする主張がある。

まず、性別分業の合理性を強調する考え方として、アメリカの経済学者ゲリー・ベッカーが提唱した家事労働の理論を紹介しよう[3]。彼の理論の要諦は、家事と職場の仕事を同じ労働とみなしたことにある。彼は、家庭を工場、レストラン、クリーニング店などの事業所になぞらえた。朝お弁当を作る作業は、弁当工場での労働と同じだし、夕食の準備はレストランのシェフの労働と同じだ。洗濯はクリーニング工場の労働と、育児は保育園の保育士や学校の教諭の仕事と変わらない。つまり、労働という点で家事も職場の仕事も変わらないのである。

しかし、家事労働と職場の労働には大きな違いがある。それは、家事労働には賃金が支払われないということである。職場では、労働の産物は会社のものとなり、労働の対価として賃金を受け取る。それに対し、家庭の労働は、自分たち家族のための労働であり、労働の産物は自分たちのものである。だから、私たちは賃金が支払われなくても家事を行なうのである。

家事も職場の仕事も同じ労働であるという考え方は、家事労働によって作られた物やサービスの「費用」あるいは「価格」という概念を生み出した。たとえば、料理の場合、スーパーで買った肉や野菜と家事労働によって、料理が作られる。その費用は、肉や野菜の費用に家事労働の費用を加えた額である。家事労働の費用は、職場での仕事から得られる賃金を基準に計算される。私たちは、一時間仕事をすれば一時間分の賃金を支払われる。家事はその所得をあきらめることによって行なうことができるのであるから、職場の仕事から得られたはずの所得が、家事労働の費用ということになる。つまり、家事一時間あたりの費用は、職場での時給に等しい。こうして計算された家事生産物の費用は家事生産物の価格とみなすことができる(4)。

この理論はいろいろな社会現象の説明に応用できる。たとえば、少子化の原因を次のように説明することができる。女性の雇用機会が拡大し賃金が上昇すると、子育ての費用、すなわち子どもの価格が上昇する。母親の育児の時間あたり費用は、彼女の時間あたり賃金に等しいからである。子どもの価格が高くなると、子どもの数が減る。それは、ウナギの値段が高くなるとウナギの消費が減るのと同じである。私たちは、子どもから得られる満足を、別のものから得ようとする。子どもをつくらない代わりに、ペットを飼うとか、高級車を購入するというように。

子どもからその代替物へのシフトという現象を、労働の配分という面からみると、家事・育児労働は減り、職場での労働が増える。女性の賃金が高くなれば、子どもを育てることに時間を費やすより、職場の労働に時間を費やし、その収入によって代替物を購入するほうが経済合理的だからである。こうして、少子化が進む。

また、この理論は家庭内の分業の分析にも利用できる。たとえば、夫婦の家事労働の能力が等しければ、賃金の高いほうが職場で長く働き、賃金の低いほうが家事を担当するのが合理的である。あるいは、夫婦の賃金が等しければ、家事労働能力の高いほうが、職場での労働時間を短くして、家事を担当するのが合理的である。つまり、夫婦の稼得労働能力と家事労働能力を比較し、相対的に家事労働能力が優れているほうが家事を担当するのが経済合理的ということになる。

4　労働の抽象化によってみえなくなったもの

経済学という学問の始まりは、労働の抽象化だった。馬車の組み立ても、ワイン作りも、服の仕立ても、労働という点ではみな等しいと考えることが経済学の出発点だった。スミスやリカードに始まる古典派経済学は、商品の価値はそれに費やされた労働の量で決まると考えた。あれこれの労働がもっている物理的属性や労働者が仕事に込めた思いをすべて捨てた後の残り滓のようなものが抽象的労働である。労働をそのようなものに抽象化することによって、経済学が科学となったのである。

労働の抽象化は、古典派経済学者の発明というより、現実の商品経済で実際に起こっていることの追認である。小学校の給食の時間に、「これは、農家の人たちが一生懸命つくったお米や野菜ですから、残さず食べましょう」と先生からいわれた経験のある人は多いのではないだろうか。それは、先生がわざわざそんなことをいわなければならないほど、誰がどんな気持ちでつくったかが、生活のなかで意識されていないということを意味している。労働の生産物は、すべて貨幣に還元されて初めて流通するのであり、そこでは労働が抽象化あるいは一般化されている。

ベッカーは、スミスやリカードが職場の労働について行なったのと同じことを家事労働について行なった。家事も職場の仕事も同じ労働であるという家事労働の抽象化によって、家事労働の経済学的分析が可能になったのである。そして、家事労働によってつくられた、料理、衣服、子ども等の「商品」の「価格」や「需要」についての分析の道が開けた。

しかし、家事労働の抽象化によってみえてきた世界があれば、みえなくなってしまった世界もある。現実の家事労働は職場の労働のように抽象化されていない生々しい存在なのである。それを強引に労働一般に抽象化することで、本来家事労働がもっている大事な面がみえなくなってしまった。それは、労働それ自体が意味をもっているという面である。

職場の仕事でも、賃金さえ高ければ仕事の内容にはこだわらないという人は少ない。労働者にとっては、仕事をしていて楽しい（苦しい）、客から感謝される（恨まれる）、周りから尊敬される（軽蔑される）、などはきわめて重要であり、職業選択に大きく影響している。しかし、その労働の果実を消費する者にとっては、そのような事情は忘れられている。消費者にとっては生産物の価格と質こそが問題なのであり、それをつくった労働は抽象化されている。ところが、家事労働はそうではない。家事労働は、それを行なう者にとっても、消費する者にとっても、行為自体に意味がある。

では、家事労働それ自体がもっている意味とは何だろうか。妻が家事をするのはあまりに普通のことなので、そのことの意味を考えるのはむずかしいが、夫が家事をするときの周りの反応をみれば、家事労働の意味がよくわかる。ある夫が熱心に家事をしているとしたら、彼に対する典型的な世間の反応は、「優しい」と「みっともない」である。

「優しい」という反応は、家事が愛情表現であることを意味する。夫が手作りの料理をつくることは、夫が稼いだ給料でスーパーの総菜を買うのとは意味が違う。前者の労働は妻への直接的働きかけであるのに対し、後者は労働が抽象化され貨幣に変換されている。

また、「みっともない」という反応は、家事労働が性役割であること、しかも上下関係を含む性役割であることを意味する。夫が家事をすることは、夫婦間のあるべき秩序に反する行為として非難される。

安定的な結婚生活を送るには、性役割の秩序を保ち、かつそれが世間から認められることが必要である。私たちは無意識のうちに、夫が妻より上位であることを配偶者と世間に示すためのデモンストレーションを行なっている。たとえば、結婚するときは夫の姓を選択する。世帯主は夫とする。表札には夫の名前を先に書く。お中元やお歳暮は夫の名前で出す。家の電話には妻が出る。客が来るとまず妻が出て用件を訊く。これらは、慣習といえばそれまでだが、こうした慣習を忠実に守ることで、配偶者と世間に夫婦の秩序を示し続けなければ安定した夫婦関係は築けない。

誰が生活費を稼ぎ、誰が家事をするかという問題は、このような秩序のなかでも、最も重要なものである。経済合理的に考えると、妻の経済力が夫の経済力より大きい夫婦の場合、夫が専業主夫になるか、パートで働き、家事の大半を担うのが合理的である。しかし、それは労働の意味を無視した超合理主義的な考えであり、実際に人々が選択する道ではない。所得で夫婦の上下関係が逆転したうえに、家事分担でも逆転すれば、夫婦関係は危ういものになる。たいていの夫婦は、経済合理性を犠牲にしてでも、夫婦関係の安定のために伝統的性別分業を選択する。

5 性別分業を生み出す三つの要因

では、なぜ日本では強い性別分業が存在するのだろうか。日本の性別分業をもたらす要因は三つある。一つは、男女の賃金格差、もう一つは、強い性役割の規範、そして三つ目が、仕事と家事・育児の両立の困難である。

まず、男女の賃金格差から説明しよう。日本の女性正規労働者の時間あたり賃金は男性の七割、非正規を含む全女性労働者の時間あたり賃金は男性の六割にすぎない。日本は韓国と並んで、世界でも最も男女の賃金格差が大きい。経済理論によれば、男女間の賃金格差が大きいほど人々は明瞭な性別分業を選択する。男女の賃金格差が大きい理由については、第3章「就職とキャリア形成」と第8章「日本的雇用制度と女性差別」で詳しく議論しているので、ここでは繰り返さない。

二つ目の要因は、家事や育児は女性の役割であるとする性役割の規範である。夫婦は経済合理的に分業を行なっているという説明に疑問を投げかけるような事象はたくさんある。たとえば、妻のほうが夫より仕事ができる夫婦でも、家事の大半は妻が行なうのが一般的である。夫が妻よりもたくさん家事を行なっている夫婦はほとんどいない。また、仕事と育児の両立ができない場合に、仕事を辞めるのはたいてい妻である。たとえ妻の所得が高くても、夫が仕事を辞めて専業主夫となることはめったにない。

さらに、夫婦の相対的生産性と分業が一致しているようにみえる場合でも、相対的生産性に合わせて分業を決定しているというより、性別分業に合わせて夫婦間の相対的生産性が決まっている面がある。第4章「結婚」で議論したように、女性は、結婚後、専業主婦やパートとなる可能性が高いため、結婚相手として、自分より十分所得の高い男性を選ぶ傾向がある。つまり、夫婦間の相対的生産性を基準に夫婦間分業が決められているのではなく、夫婦間分業を前提に夫選びが行なわれているのである。

これらのことが意味するのは、夫婦間分業には経済合理性以外の決定要因があり、それは経済合理性に優先することがあるということである。日本は、先進国のなかでは、性役割に関する規範が非常に強い国である。

さらに、経済的合理性と性役割に基づく性別分業をより強くしているのが、仕事と家庭の両立の困難さである。日本では、正規労働者の労働時間が長く、休日出勤、出張、転勤など、企業の都合に合わせて働かなければならない。家庭生活を犠牲にしなければ夫婦そろって正規労働者として働くのが難しいのが実態である。さらに、保育所不足がそれに拍車をかけている。正規労働者として働きながら育児をするのが難しいため、多くの妻は出産後、仕事を辞め専業主婦となる。

6 性別分業の経済構造

男性がお金を稼ぎ、女性が家庭を守るのは、高度経済成長期に形成された性別分業である。このような性別分業は、少なくとも一九八〇年代のバブル景気の頃までは、その枠のなかで多くの人が不満なく暮らしていたという意味で、安定していた。

日本の企業は男性を基幹的労働者として雇い、長い期間をかけて育成する。それに対し、女性は補助的労働者として採用され、結婚や出産で退職する。男性労働者には、一人で家族全員が養えるだけの賃金（家族賃金）を支払うため、妻は専業主婦として家事に専念することができる。

図6-3　安定した性別分業社会の経済構造

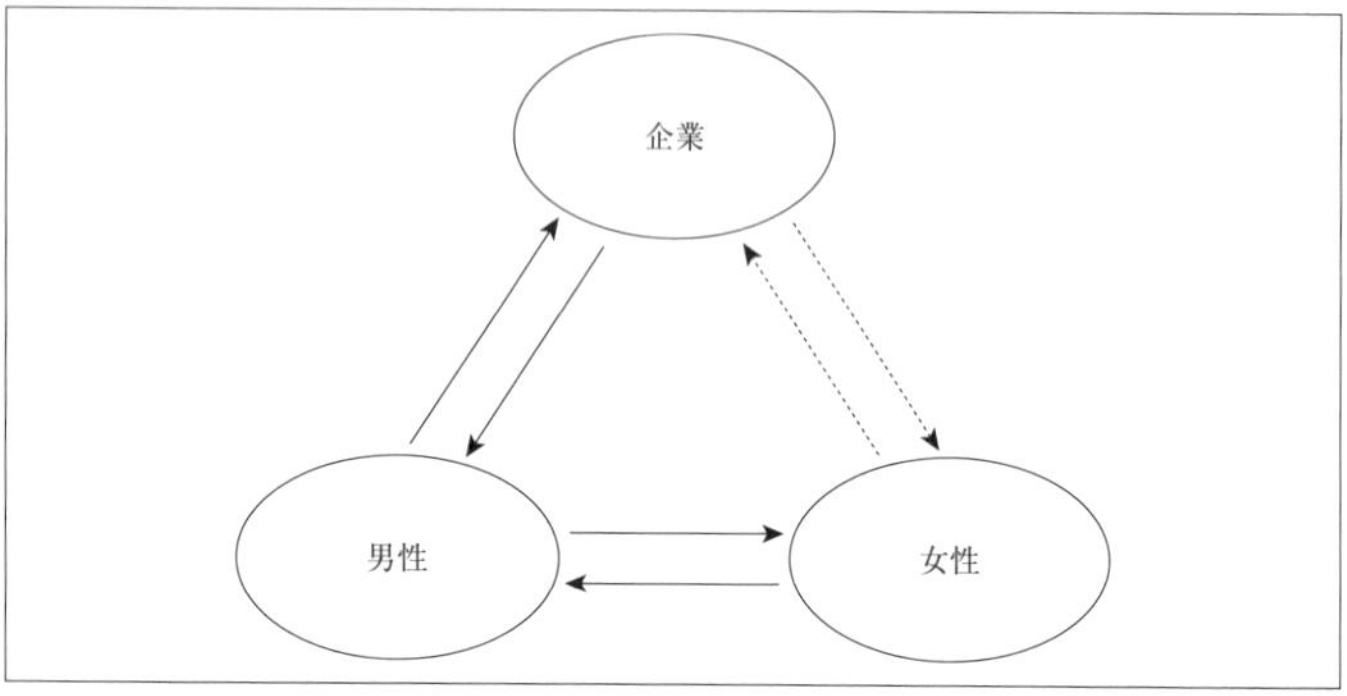

夫の収入が家族全員を養うには十分でない場合は、妻が家事の合間にパートとして働きに出る。こうして、日本人のほとんどが自分を中流階層とみなす「一億総中流社会」が形成されたのである。

図6-3はそのような安定的な性別分業社会を単純化して図示したものである。企業、男性、女性は、特定の企業や個人を意味するのではなく、社会の企業、男性、女性の総体を意味する。矢印は財、サービス、貨幣の流れを示している。そして、実線の矢印は点線の矢印よりも流れが大きいことを示している。

企業と男性は強い相互依存関係にある。企業から男性への矢印は、企業が男性に安定的雇用と家族賃金を提供することを意味している。それに対し、男性から企業への矢印は、男性が企業に対し長期的に労働を供給し、また残業や出張や転勤など企業の都合に応じた働き方をすることを意味している。

　男性と女性は婚姻関係をとおして互いに強い絆で結ばれている。男性は、企業で得た賃金で家族を養い、妻は家族に家事労働を提供する。男性から女性への矢印は、夫から妻への生活費の提供を、女性から男性への矢印は、妻から夫への家事労働の提供を意味している。企業と男性の間の財、サービス、貨幣の移動が労働市場で行なわれるのに対し、男性と女性の間の財、サービス、貨幣の移動は、家計のなかで行なわれるという違いがある。

　他方、企業と女性の相互依存関係は希薄である。企業は女性を補助的労働者としてしか採用しないために、賃金は低く、雇用は不安定である。家族を養うどころか、自分一人の生活の維持すら危うい。女性もまた企業に対しては、多くを与えない。結婚や出産で退職することが多く、出産後も働くとしても家庭優先の働き方をするため、男性のように残業、出張、転勤などはできない。

　この社会では、女性の生活の安定は男性の所得にかかっている。ここに、夫婦間分業が単なる性役割にとどまらず、上下関係を含むものとなる経済的基礎がある。

　社会保険制度も性別分業に対応したものが形成された。年金保険制度も健康保険制度も、主に正規労働者である男性を保障するようにつくられている。健康保険制度のもとでは、大半の主婦は、夫の保険の扶養家族として保障されている。また、年金保険制度のもとでは、夫が引退した後、夫婦は主に夫の厚生年金で生活し、夫が先に亡くなれば、夫の遺族年金で生活するしくみになっている。つまり、夫の年金で妻は間接的に保障されているのである[5]。

このような性別分業の経済構造が安定的であるためには、二つの条件が必要である。一つは企業と男性を結ぶ雇用関係が安定的であること、もう一つは男性と女性を結ぶ婚姻関係が安定的であることである。しかし、今では、いずれの関係も不安定になりつつある。

まず、企業と男性の雇用関係は、長びく不況のために脆弱なものになってしまった。かつては、学校を卒業するとともに正規労働者として採用され、長期にわたって雇用される男性が大半であったが、現在では、正規労働者の数自体が減ったため、学校を卒業しても正規労働者として就職できないことが多い。また、就職できても、リストラに遭う危険性も高くなった。

さらに、婚姻関係が脆弱になったことにより、男女の相互依存関係も希薄なものになってしまった。結婚が減っているうえに、離婚は増えている。離婚率（人口一〇〇〇人あたりの離婚件数）は一九七〇年の〇・九三から二〇一〇年には一・九九に上昇した[6]。男性と女性の絆が細くなれば、女性は経済的に困窮する。事実、女性の貧困が深刻な問題となりつつある。母子世帯の半分以上が相対的貧困層である。また、二〇～二四歳を除くすべての年齢層で女性の相対的貧困率は男性より高く、その差は高齢層においてとくに大きい[(7)]。七〇歳代以上では女性の四人に一人以上が貧困層である。女性の貧困化を防ぐには、企業と女性の絆を太くする必要がある。つまり、女性の雇用を安定させ、賃金を上昇させることである。これについては第9章「日本が変わるために」で議論する。

・注

（1）OECD [2012], OECD Stat Extracts. http://stats.oecd.org/index.aspx?queryid=27359.

（2）赤松良子［二〇〇三］、五〇ページ。

（3）Becker［1965］参照。

（4）家事労働の価値を計算する方法には、本人の賃金を基準とする以外に、家事労働と同じ種類の労働を行なっている労働者（調理人、保育士、清掃労働者など）の賃金を基準とする方法がある。

（5）妻にも基礎年金があるために、夫の年金に全面的に依存しているわけではないが、基礎年金だけでは生活を維持するのに十分ではない。また、夫が正規労働者で妻の年収が一三〇万円未満の場合は、妻は年金の保険料の支払いを免除される。

（6）国立社会保障・人口問題研究所「人口統計資料集 二〇一二年版」。
http://www.ipss.go.jp/syoushika/tohkei/Popular/Popular2012.asp?chap=6

（7）内閣府『男女共同参画白書 平成二二年版』。

第7章

正規労働者と非正規労働者

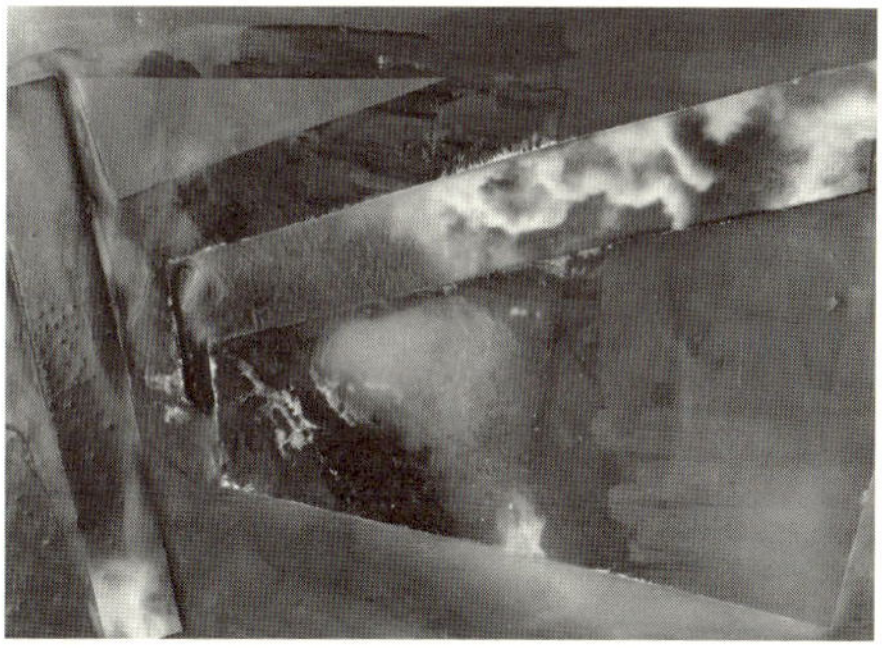

1 正規・非正規格差とジェンダー格差

日本では、賃金水準、教育訓練の機会、雇用の安定などにおいて大きな男女間格差があるが、その大きな要因が正規・非正規間の格差である。正規労働者と比べて非正規労働者は賃金水準が低く、教育訓練の機会が小さく、雇用は不安定である。一時間あたりの賃金は、正規労働者が二四一四円であるのに対し、非正規労働者は一二四二円である。また、過去一年間に研修を受けた経験のある労働者の割合は正規労働者が四一・四％であるのに対し、非正規労働者は一九・二％にすぎない。さらに、平均勤続年数は正規労働者が一二・二年に対し、非正規労働者は五・二年である。このように雇用が不安定で賃金が低いのが非正規労働者の特徴であるが、非正規労働者の六八・四％は女性である(1)。

図7-1は、男女別雇用形態別年齢階層別の賃金を描いている。横軸が年齢階層、縦軸が時間あたり賃金である。図からは、同じ性別の労働者でも正規と非正規では賃金が大きく異なること

▨ 図7-1　男女別雇用形態別年齢階層別時間あたり賃金

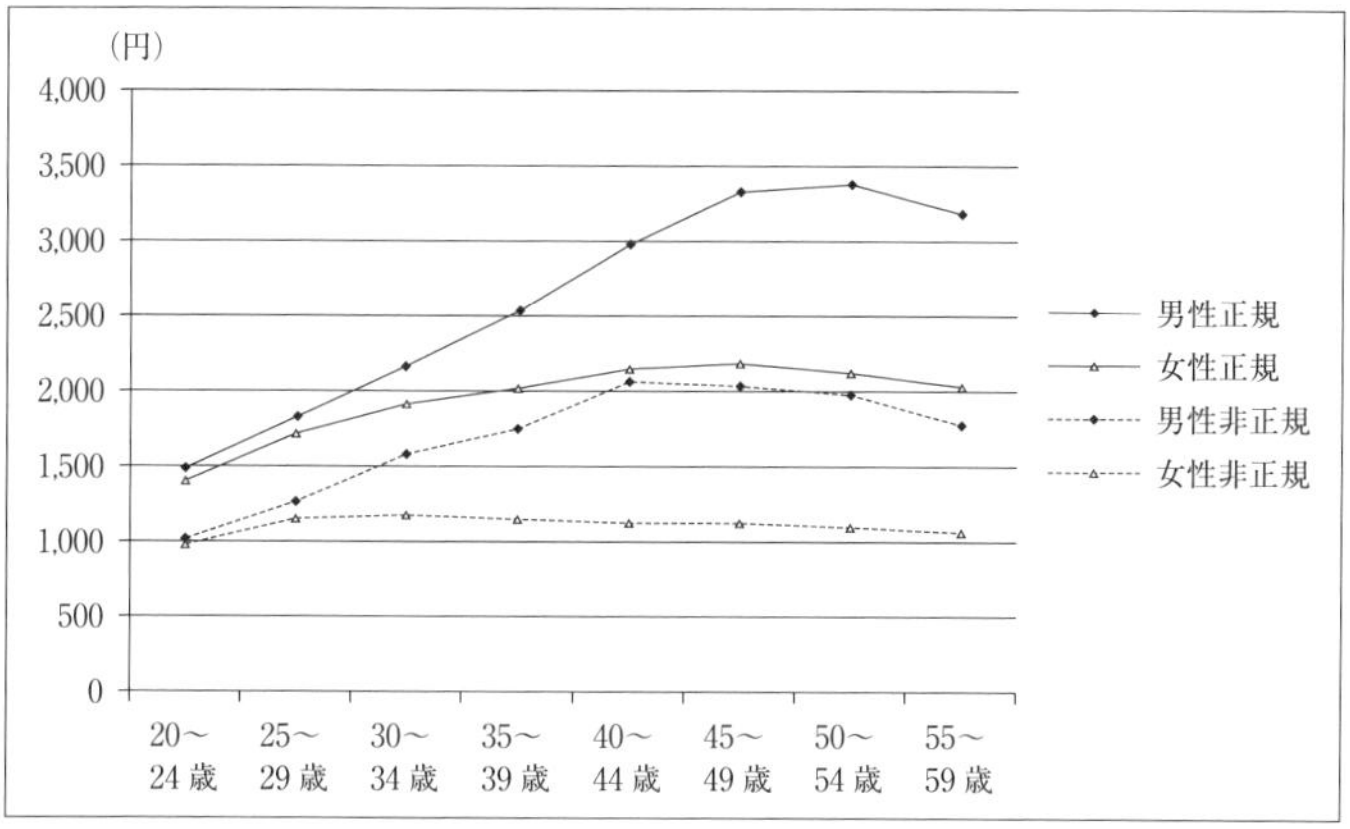

データ出所：厚生労働省「賃金構造基本統計調査 平成22年」。

がわかる。男性の場合、二〇歳代前半では、正規労働者は非正規労働者の一・五倍の賃金を受け取っている。その差は年齢とともに拡大し、五〇歳代後半で一・八倍となる。女性も、二〇歳代前半では、正規労働者の賃金は非正規労働者の一・四倍であるが、四〇歳代後半になるとおよそ一・九倍に広がる。三〇歳代以降における正規・非正規間の賃金格差は、男性より女性のほうが大きいが、それは、女性非正規労働者の場合、年齢を重ねても賃金が上昇しないためである。

男女差という観点からもう一つ重要なことは、正規労働者のなかでも、また非正規労働者のなかでも男女間の格差が非常に大きいということである。二〇歳代前半では、正規・非正規とも賃金の男女差はほとんどないが、正規労働者の場合は五

○歳代前半で、男性は女性の一・六倍に、非正規労働者の場合は四○歳代前半で男性は女性の一・八倍に拡がる。

正規労働者の年齢による賃金上昇率に男女の差があるのは主に二つの理由による。一つは、勤続年数の違いである。同じ年齢でも、男性の勤続年数が女性より長い。その差は五○歳代前半で最大となり、男性は女性の一・五倍となる(2)。年功賃金制度のもとでは勤続にともなって賃金が上昇するので、勤続年数の男女差は賃金の男女差となる。

もう一つは、男性は基幹的な業務に従事していることが多く、昇進の機会にも恵まれていることである。教育訓練や配置転換によって長期的に人材を育成するのが日本的雇用制度の特徴であるが、同じ正規労働者でも、そのような制度を享受できる機会が男女で異なっている。

非正規労働者の場合も、正規労働者と同じような傾向がみられる。男性の賃金は、二○歳代前半から四○歳代前半にかけて上昇するが、女性非正規労働者の賃金は、年齢にかかわらず一○○○円前後である。掲載していないが、横軸に年齢ではなく勤続年数をとっても、女性非正規労働者の賃金は横ばいとなる。つまり、女性非正規労働者は、経験を積んでも、歳を重ねても、ほとんど賃金が上がらない。同じ非正規労働者といっても、男性は技能や知識を習得する機会をある程度もっているのに対し、女性はそのような機会がほとんどないことがわかる。また、女性の場合、若さが労働力としての価値を高めるが、年齢とともにそれは失われる。年齢とともに技能や知識の習得による労働力としての価値は上昇するとしても、若さを失うことによる価値の低下によって相殺されるのが現実である。

また、女性と男性では、就業形態が多少異なる。女性の場合、非正規労働者の七五％はパートタイムであるのに対し、男性の場合、パートタイムは五四％にすぎない。男性非正規労働者の半分近くはフルタイム労働者なのである。

2 非正規労働者とは

そもそも非正規労働者とはどのような労働者なのだろうか。非正規労働者については、政府の調査でも明快な定義があるわけではない。調査によって呼び方も異なる。個人の就業状態に関する調査である「労働力調査」は、雇用者を「正規の職員・従業員」と「非正規の職員・従業員」に分けている。他方、賃金に関する調査である「賃金構造基本統計調査」では、雇用者を「正社員・正職員」と「正社員・正職員以外」に分けている。いずれの調査も、労働時間や雇用契約期間などの明確な基準によって正規・非正規を定義しているわけではない。いい加減にみえるが、実は正確な定義ができないのが現状である。雇用形態にはさまざまな種類があり、外部から与えられた定義によって正規と非正規に二分するのに無理がある。

実際の職場では、正規・非正規に労働者を二分しているわけではない。実にさまざまな雇用形態・就業形態の労働者がいる。最も一般的なのは、雇用期間がいつまでと決められていない無期雇用の労働者で、所定労働時間は一日八時間、週四〇時間程度であり、それに残業がある。「正規労働者」と呼ばれる人たちの大半はこのような雇用形態である。このようなタイプの労働者も、大企業であれば、さらに、転勤があるかどうか、あるとすれば転居をともなうような転勤か地域内の転勤か、業務内容は基幹的な仕事が多いか定型的・補助的な仕事が多いかによって、全国型総合職、地域限定総合職、准総合職、一般職などに分けられることが多い。

他方、典型的な「非正規労働者」は、勤務時間が通常の労働者より短いパートやアルバイトである。パートとアルバイトの区別は明確ではない。主婦の場合はパート、学生の場合はアルバイトと呼ばれることが多い。学生アルバイトは勤続期間が短いのが普通であり、誰でもできる単純労働を任される。それに対し、主婦パートの場合は、比較的長い勤続期間を期待できるため、徐々に高度な仕事を任されるようになることもある。教育訓練の機会もアルバイトよりは多く、勤続とともに、わずかながら昇格・昇給があることも珍しくない。パートもアルバイトも雇用期間がいつまでと定められている有期雇用が多い。しかし、パートの場合は無期雇用も珍しくなく、有期雇用の場合でも契約期間が満了になると更新されるのが普通である。

さらに、契約社員や嘱託という形態の雇用がある。これは、通常、フルタイムの有期雇用である。契約社員は、仕事の難易度、責任、訓練機会、給与などの処遇では、パートと一般職の中間に位置する。それに対し、嘱託は中高年労働者の中途採用や再雇用が多い。

以上は、企業が直接雇用している労働者の分類だが、他の企業から従業員を派遣してもらうこともある。それが派遣社員である。派遣社員は、雇用主と勤務先が異なっている。たとえば銀行で働いていても、その銀行に直接雇用されているわけではなく、派遣会社に雇用され、その派遣会社から給料をもらっている。派遣社員の場合は、間接雇用であり、労働者派遣法という法律で、仕事の範囲や契約期間について規定されている。

このように、労働市場には多様な雇用形態・就業形態の労働者がおり、正規・非正規にはっきり分けられるわけではない。総合職、准総合職、一般職、契約社員、嘱託社員、非常勤社員、パート、アルバイト、協力社員、派遣社員など、さまざまな呼び名があり、その実態も呼び名以上に多様である。本書で使う正規・非正規という言葉は、あくまで現実を単純化したものである点に注意されたい。多様な正規労働者のなかでも、また、非正規労働者のなかでも、女性はより賃金が低く雇用が不安定なタイプに偏っている。

3 増える非正規労働者

非正規労働者は増加の一途をたどっている。一九八五年には六五五万人だったのが、二〇一一年には三倍近い一八三四万人になった。一方、正規労働者は一九九七年の三八一二万人をピークに減りはじめ、二〇一一年には三三〇〇万人になった[3]。その結果、非正規労働者の割合は、一九八五年には一六・四%だったが、二〇一一年には三五・七%になった。今や雇用者の三人に一人以上が非正規労働者である。

近年、専業主婦のいる世帯は減少し、共稼ぎ世帯が増加しつつある。これは、働く既婚女性が増えていることを意味するが、実際に増えているのは非正規労働者だけである。正規労働者は一九九七年以降、減り続けている。二〇〇三年には、女性非正規労働者の割合が五〇％を超え、その後も上昇している。他方、男性労働者の非正規割合は二〇一一年に二〇・五％と女性よりは低いが、上昇傾向が続いている点では変わらない。この傾向が続くと、二〇三〇年頃には、全労働者の半分が、そして女性労働者の四分の三が非正規となるかもしれない。

かつては、非正規労働者といえば、ほとんどが主婦のパートか学生のアルバイトだった。しかし、現在では、男女を問わず、また未婚・既婚を問わず、非正規労働者が増えている。フリーターという言葉が登場したのは一九八〇年代後半のバブル期である。その頃から若者の間で非正規労働者の増加が顕著になったが、当時は空前の好景気でもあり、フリーターという生き方の選択はむしろポジティブに捉えられた。それが、低賃金、不安定雇用という意味合いに変わったのは一九九〇年代前半のバブル崩壊以降である。

日本経済が停滞すると、企業は従来のように正規労働者をたくさん雇う余裕がなくなった。正規労働者は賃金が高いだけでなく、教育訓練の費用も高い。しかし、すでに雇っている正規労働者を解雇するのは労働組合の強い反対や従業員の士気の低下を招く。そこで企業は、正規労働者の採用を減らし、パート、アルバイト、派遣社員、契約社員、嘱託など、さまざまな形態の非正規労働者を雇うことで人件費を削減した。

産業によっては、労働者の大半が非正規というものもある。(4) 非正規労働者割合が最も高い産業(中分類)は飲食店で、八二%が非正規労働者である。飲食店の店員のほとんどはパートやアルバイトであることは、私たちの実感と一致する。次いで、職業紹介・労働者派遣業の八一%である。派遣労働者のなかには、派遣されている間だけ派遣会社と雇用契約を結ぶ登録型派遣労働者が多い。このような労働者はすべて非正規労働者である。また、派遣されていない期間も派遣会社と雇用契約を結んでいる常用型派遣労働者にも非正規労働者が少なくない。さらに、持ち帰り・宅配飲食サービス業(七九%)、食品スーパーなどの飲食料品小売業(七八%)、百貨店や総合スーパーなどの各種商品小売業(七四%)が続く。このように、一般社員のほとんどが非正規労働者で、正規労働者の主な業務が、非正規労働者の管理・監督になっている産業も多い。

4 性別分業と正規・非正規労働

図7-2は、ライフサイクルとともに雇用形態がどのように変わるかをみるために、年齢階層

▨図 7-2　男女別雇用形態別年齢階層別就業率

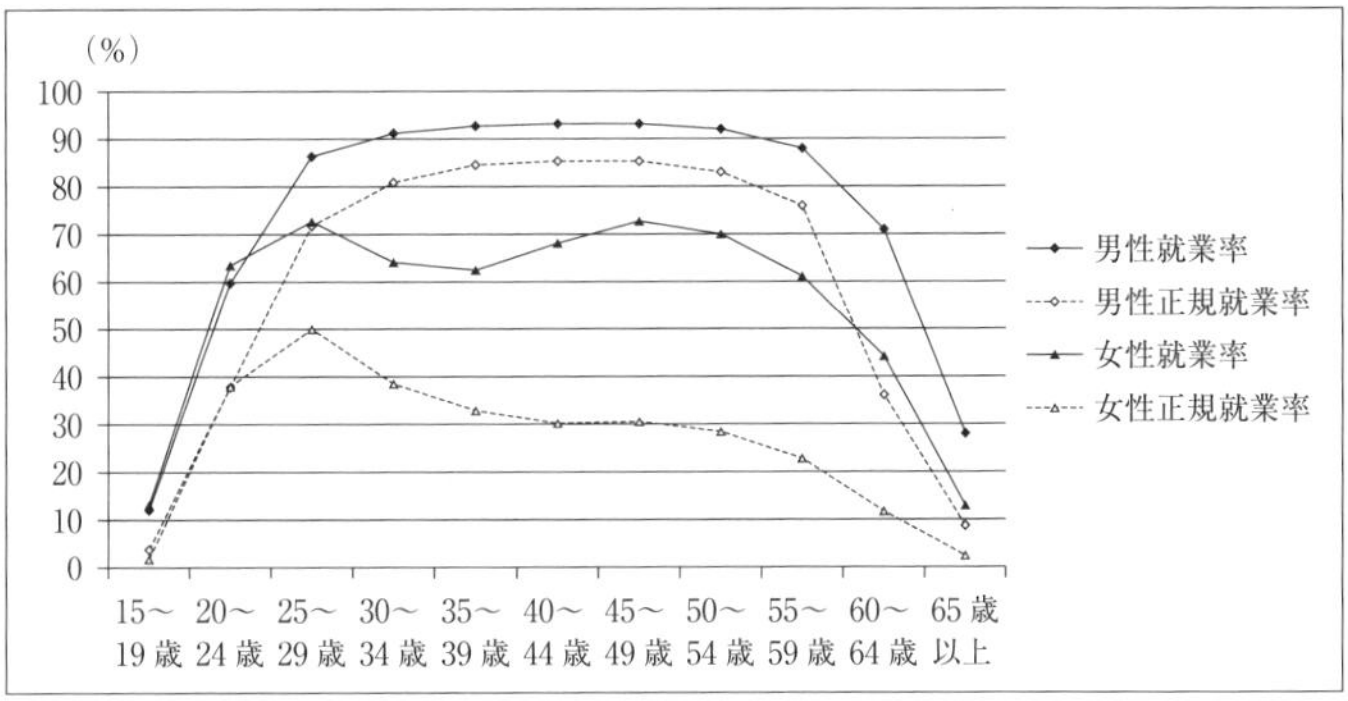

データ出所：厚生労働省「賃金構造基本統計調査 平成22年」。
厚生労働省「労働力調査」(平成22年平均値)。

ごとの就業率と正規就業率を描いたものである[5]。就業率とは就業している労働者数を人口で割ったもの、正規就業率とは正規労働者の数を人口で割ったものである。

まず、年齢別の就業率を男女で比べると、男性は、二〇歳代後半で九割程度になった後、五〇歳代後半までそれが維持される。定年を迎える六〇歳以降は就業率が低下する。それに対し、女性は二〇歳代後半で一度ピークを迎えたのち、就業率が低下し、三〇歳代後半で底入れし、再び上昇しはじめる。そして四〇歳代後半で再びピークを迎えた後、徐々に低下する。女性の就業率が三〇歳代で低下するのは、妊娠や出産を契機に辞める女性が多いためであり、四〇歳代で再び上昇するのは、育児に時間をとられなくなった母親が再び働きはじめるからである。このような就業形態は、図がアルファベットのMに似ているため、M字型就業形態と呼ばれる。かつてはほとんどの先進国がM字型就業形態をもっていたが、出産退職する女性が減ったために、男性同様の逆U字型就業形態に移行した国が多い。

次に、男女の雇用形態の違いをみていこう。男性は、若年層と高齢者を除けば、就業者のほとんどが正規労働者である。とくに、三〇歳代前半から五〇歳代前半にかけては、正規就業率が八〇%を超えている。

それに対し、女性は正規就業率のピークが二〇歳代後半であり、その後は正規就業率が低下する一方である。四〇歳代で低下が一時的に休止するが、五〇歳代には再び低下しはじめる。就業率と正規就業率の差が非正規就業率である。女性の非正規就業率は、正規就業率とは逆に、二〇歳代後半で最低となり、その後は増加している。これは、学校を卒業した後、正規労働者として就職した女性が、結婚を機に正規労働から非正規労働に移ったり、出産退職の何年か後、非正規労働者として働きはじめるからである。出産退職の後の再就職はほとんどが非正規雇用であることが確認される。これは、第5章の図5-2とも整合的である。

5 「派遣村」の不思議

二〇〇八年のリーマンショック後の景気後退で、多くの非正規労働者が職を失った。そのなかには、失職と同時に勤務先の寮を追われたり、家賃が払えなくなったりして、住むところがなくなった者も少なくなかった。そうした人たちを支援するために、二〇〇八年の暮に、東京の日比谷公園に開設されたのが「年越し派遣村」である。派遣村の開設は、メディアで大々的に報道され、その後の派遣業務に対する法的規制強化のきっかけとなった。

派遣村ができたとき、インターネットで「なんかヘン、男ばかりの派遣村」という川柳を見つけた。筆者もニュースの映像をみて同じ違和感をもっていたので、記憶に残っている。決して派遣村の活動自体を批判したいわけではない。ただ、派遣労働者の大半は女性であり、企業の都合で解雇されたり、契約更新を断られることはこれまでも普通に行なわれていたのに、なぜ今回はこれほどメディアが注目するのだろうか、という疑問が湧いたのである。

その理由はいろいろあるだろうが、一番大きいのは、女性ではなく男性が大量に解雇されたからだ。リーマンショックで解雇された派遣労働者の多くは製造業に勤務していた。二〇〇四年に製造業務に従事する派遣が解禁となり、二〇〇七年からは派遣期間の上限が三年に延長され、製造業務派遣が本格化した矢先の出来事だった。自動車産業を筆頭に、製造業は男性労働者が多く、それは派遣社員も同様である。

女性派遣は解雇されてもニュースにならない。彼女たちの多くは主婦であり、家計の補助のために働いており、解雇されても生活ができないほど困窮するわけではない。また、住むところまで奪われるわけではない。というのが、一般の女性派遣労働者に対する認識ではないだろうか。

つまり、派遣に代表される非正規という雇用形態は、性別分業を前提にして成り立っていたのである。既婚女性であるから、企業は安心して解雇できる。メディアも注目しないし、世論の批判を浴びる恐れもない。

しかし、派遣村の一件は、そうではない非正規労働者が増えたことを物語っている。自分で生活を支えている非正規労働者が増えている。

6 非正規雇用の何が問題か

正規労働者が減って非正規労働者が増えることは、問題なのだろうか。非正規労働者が増えるのは、それを必要としている人が多いからであることは間違いない。まず、雇う側の立場に立てば、必要に応じて契約期間の短い社員や労働時間の短い社員を雇えるのは便利だ。また、必要な知識や技能をもった労働者を派遣会社から紹介してもらうのも都合がよい。

企業は、景気の変動や事業の盛衰に応じて労働者数を変動させる必要があるが、有期雇用の労働者の場合はその調整が容易である。無期雇用の労働者の採用や解雇には時間と費用がかかる。また、スーパーなどの小売業では、忙しい時間帯だけ雇えるパートやアルバイトという形態の労働者が必要である。そして、人件費が安いのも企業にとっては大きな魅力である。

一方、労働者にとっても、非正規労働者として働くことのメリットがある。パートやアルバイトは、自分が働きたい曜日や時間帯を選べる。子どもがいる主婦や授業がある学生にとっては、これは大きな魅力である。また、非正規労働者は残業時間が少ない。突然、上司から残業や休日出勤を頼まれることも少ないし、頼まれても断る自由が正規労働者よりは大きい。

さらに、仕事に対して負わなければならない責任が違う。正規労働者は、職場の業績、予期せぬトラブル、非正規労働者の管理・指導などに責任をもたなければならないが、非正規労働者は、原則として定められた業務をこなしていればよい。また、仕事がいやになったり、他によい仕事が見つかったときも、正規労働者よりは気楽に辞めることができる。自分が辞めても代わりの社員は簡単に見つかるし、そもそもそれほど重要な仕事をしていないので周りに迷惑をかけることも少ないからである。したがって、時間的にも精神的にも、それほど仕事に多くを割けない人は非正規労働者という働き方を自ら選択する。

しかし、メリットは別の面からみればデメリットでもある。企業にとって、雇用調整しやすいということは、労働者にとっては雇用が不安定ということである。有期雇用の場合、契約期間満了後も続けて仕事をしたい場合は、契約を更新しなければならないが、更新を拒否される危険性が常にある。また、企業にとって教育訓練費用や賃金の節約になるということは、労働者にとっては、教育訓練機会が限られており、賃金が低いということである。教育訓練の機会がなければ、いつまでたっても給料が上昇しない。

つまり、非正規雇用は、性別分業のうえに成り立っていた雇用形態である。低賃金と不安定な雇用、それと引き換えに得られるある程度の時間的自由、それに満足できるのは既婚女性である。家事・育児と優先しながら働ける雇用形態として、非正規雇用は存在価値があった。

ところが、非正規労働者は、性別分業の枠を超えて増加してしまった。低賃金と不安定な雇用では生活できない労働者までもが非正規の仕事しか見つけられなくなってきた。男性のみならず、独身女性や夫の収入が低い女性など、生活を支えなければならない非正規労働者は増えている。

7 教育訓練

日本の企業は、労働者の教育訓練に大きな時間と金銭を費やすが、正規労働者と非正規労働者では、教育訓練を受ける機会が大きく異なる。

教育訓練には大きく分けて二種類ある。一つは、普段の職場を離れて、訓練所や学校や会議室などで行なう研修である。これは、ＯＦＦ-ＪＴ（Off-the-Job Training）と呼ばれている。それに対し、普段の職場で仕事をしながらそのやり方を教わるのをＯＪＴ（On-the-Job Training）という。ＯＪＴはさらに、公式のＯＪＴと非公式のＯＪＴに分けることができる。公式のＯＪＴとは、教育訓練の担当者が、決められたカリキュラムを教え、達成度を評価する教育訓練であり、非公式のＯＪＴとは、仕事をしながら、必要が生じたときに上司や先輩から指導を受ける教育訓練である。

正規労働者に対するＯＦＦ‐ＪＴを実施している事業所は七一・四％であるのに対し、非正規労働者に対してＯＦＦ‐ＪＴを実施している事業所は三二・九％にすぎない。また、正規労働者に対して計画的ＯＪＴを実施した事業所は六三・〇％であるのに対し、非正規労働者に対して計画的ＯＪＴを実施した事業所は三〇・八％にすぎない。労働者に対する調査でも、過去一年間にＯＦＦ‐ＪＴを受けた正規労働者は四一・四％いるのに対し、ＯＦＦ‐ＪＴを受けた非正規労働者は一九・二％しかいない。非正規労働者が教育訓練を受ける機会は限られている(6)。

同じ雇用形態の労働者でも、男女で教育訓練を受ける機会は異なる。過去一年間にＯＦＦ‐ＪＴを受けた正規労働者は男性が四六・〇％であるのに対し、女性は三二・二％である。また、受講した者の延べ受講時間は、男性が四四・四時間に対し、女性は三四・五時間とおよそ一〇時間短い。

非正規労働者の場合も男女で差がある。男性は二三・五％がＯＦＦ-ＪＴを受講しているのに対し、女性は一七・〇％しか受講していない。受講者の受講時間は、男性三五・八時間に対し女性は一四・一時間と男性の半分に満たない。

男女差があるのは、受講の機会だけではない。受講内容も大きく異なっている。最も多くの男性正規労働者が受講しているのは、「マネジメント（管理・監督能力を高める内容）」である。これは、まさに、企業の有能な人材を管理職に育成するための研修である。男性ＯＦＦ-ＪＴ受講者の三九・六％（複数回答）がマネジメントに関する研修を受講している。それに対し、女性正規労働者は、ＯＦＦ-ＪＴ受講者のうち一九・五％しかマネジメントを受講していない。他方、最も多くの女性正規労働者が受講しているのは、「ビジネスマナー等のビジネスの基礎知識」で三八・一％である。それに対し男性は一九・七％しかこの類の研修を受講していない。

非正規労働者の場合も、女性は「ビジネスマナー等のビジネスの基礎知識」を受講した者が受講者のなかでは最も多く三〇・八％である。それに対し、男性は、「技術・技能」と「品質・安全」がいずれも三〇・二％と最も多い(7)。

正規・非正規を問わず女性の受講が多い「ビジネスマナー」とはどのような研修なのだろうか。それは、挨拶の基本に始まり、笑顔の作り方、敬語の使い方、話し方、聞き方など、電話対応、来客対応など、仕事で人と接するときの基本マナーである。ビジネスマナーを受講する女性が多いのは、女性がサービス業に多いという産業の特性も反映しているが、それだけではあるまい。企業が、女性には男性以上に厳しいマナーを要求するのが原因だろう。また、女性には内実よりも見かけ、第一印象が重要な仕事をさせていることも一因かもしれない。

8 正規・非正規格差は正当か

正規労働者と非正規労働者では、賃金水準、教育訓練の機会、雇用の安定性などに大きな差があることをみてきた。では、その格差は正当なものだろうか、それとも看過できない不平等だろうか。

正規・非正規間の賃金格差について、経済学では三つの考え方がある。一つは、賃金は労働者の生産性を反映しているとする説、もう一つは、精神的・肉体的に厳しい仕事にはそれだけ多く賃金が支払われるとする説、三つ目は、正規労働者は、非正規労働者に比して、経営者に対し強い交渉力をもっているとする説である。

一つ目の考え方、労働者の生産性を反映しているとする説は経済学の基本である。価格メカニズムが働くならば、労働者は生産性に応じた賃金を支払われる。生産性より低い賃金しか支払わなければ、労働者は別の企業で働くからだ。この説が正しければ、その結果生じる正規・非正規格差は不当とはいえない。生産性の低い労働者に対し、どの程度の所得を保障すべきかという、社会保障上の問題は残るとしても。

二つ目の考え方は、「補償賃金理論」と呼ばれる。正規労働者は働き方の自由度が低く、責任ある仕事に就いてストレスが大きい分、賃金で補償しなければならないという考え方である。賃金の水準は、正規労働者は非正規労働者と比べてどの程度、肉体的・精神的負担が大きいか、また、負担が大きくても正規労働者として働きたいと考える労働者がどれくらい多いか、高い賃金を払っても企業の都合に応じて働いてくれる正規労働者を雇いたいと考える企業がどれくらい多いか等々によって決まる。つまり、さまざまなタイプの雇用形態の需要と供給のバランスで賃金が決まるのである。

これら二つの説には確かに一理あるが、現実に合わない面もある。これらの説は、正規労働者になるか非正規労働者になるかは、本人が選択できることを前提としている。正規労働者になりたい人が正規労働者の求人より多ければ、正規労働者の賃金が低下することで需給が調整されると考える。しかし、実際には、正規労働者になりたくてもなれない人がかなりいる。近年は、学校を出ても就職できない人が増えている。また、会社を解雇されたり、辞職したりして、正規労働者の仕事を探しているが、とりあえず非正規労働者の仕事をしている人もいる。子育てが一段落したので正規労働者として働きたいが、とりあえず非正規の仕事から始めたという女性も多い。

一九九〇年代前半のバブル崩壊後、正規労働者への労働供給が過剰な状態が続いたが、彼らの賃金が速やかに低下し、需要と供給が一致するという事態は発生しなかった。いったん高くなった正規労働者の賃金を下げることは、既存の労働者の反発を招き、労働者の士気に悪い影響を及ぼすのみならず、法的にも制約されている。正規労働者の賃金は、とくにそれが下がる場合には、ゆっくりとしか調整されない。そのような点に着目したのが三つ目の説である。

三つ目の説は、インサイダー・アウトサイダー理論と呼ばれる。インサイダーとは長期にわたって企業の内側にいる労働者つまり正規労働者であり、アウトサイダーとは企業の外にいる失業者や、特定の企業に定着できない非正規労働者のことである。この理論によると、労働者を採用し一人前に育てるには大きな費用がかかるため、企業は一人前の労働者に辞められたくない。そこで、一人前の労働者は企業に対して強い交渉力をもつ。それに対し、失業者や非正規労働者は、企業にとっていくらでも代わりの労働者がいるため、企業に対する交渉力が弱い。
正規労働者になるのは難しいが、いったん正規労働者になると、教育訓練の機会が保障され、勤続年数とともに給料も上昇する。大きな失敗を犯すか、会社が危機に陥らない限りは解雇される心配もない。労働組合を通じて会社の経営方針に意見することもできる。

正規労働者は二つの意味で非正規労働者を排除している。一つは、会社との交渉によって自分たちの賃金を高くすることで、正規労働者への需要を低下させること、もう一つは、自分たちの雇用を守ることで、正規労働者の新規採用を減少させることである。このような正規労働者の自己防衛は、経済が右肩上がりのときは問題にならなかった。正規労働者になりたい人のほとんどが正規労働者になれたからである。しかし、経済成長が鈍化した現在では、正規労働者の自己防衛行動は、既得権をもつ者のエゴにみえる。少なくとも潜在的には自分たちと同等の能力をもっている、若者や女性の就業機会を奪っているからである。

三つの考え方は、互いに矛盾するものではないし、いずれも正規・非正規格差に対しそれなりの説明力をもっている。一般的に、非正規労働者の生産性が正規労働者の生産性より低いのは事実だし、時間的自由を確保するために、賃金を犠牲にしてもフルタイムよりパートタイムの仕事を選ぶ主婦が多いのも事実である。そして、正規労働者が既得権益を守ろうとすることが、若者や女性の雇用の機会を奪っていることも否定できない。

諸外国と比べて、とくに日本で正規・非正規格差が大きいことを理解するのに有用なのはインサイダー・アウトサイダー理論である。これは、第8章「日本的雇用制度と女性差別」で議論する日本的雇用制度と深くかかわっている。日本では、新卒採用した労働者を定年まで雇う終身雇用制度が理想的雇用制度とみなされ、大企業や官公庁の正規労働者については、それに近い雇用制度が実現している。正規労働者は教育訓練と配置転換を経験しながらキャリアを形成し、能力を高める。それに応じて、企業に対する交渉力も増し、安定した雇用と高い賃金を得ることができる。ただ、そのような機会はみんなに平等に与えられているわけではない。新卒労働者のなかでも能力と運に恵まれた者だけがインサイダーとなることができ、また、結婚や出産で労働市場を離れ、アウトサイダーとなった者が再びインサイダーとなるのは難しい。

9 同一労働・同一賃金

不当な賃金格差を解消しようという取り組みにおける基本理念が、「同一労働・同一賃金」である。同じ労働には同じ賃金を払うべきだという考えだ。近年ではそれを拡張して、「同一価値労働・同一賃金」、つまり、同じ価値を生む労働には同じ賃金を、という主張もみられる。経済学では、自由な競争が実現している労働市場では、同一労働・同一賃金や同一価値労働・同一賃金が実現すると考える。また、欧米では、それらが雇用における平等の基本であり、労働運動の重要なスローガンでもある。

しかし、わが国では同一労働・同一賃金は、企業にとっても労働組合にとっても、実現すべき理念とはみなされていない。同一労働・同一賃金の理念は、「仕事に対して賃金を払う」という考えが社会に浸透していなければ受け入れられない。欧米の給与体系は、仕事（職務）に対して賃金を支払う職務給が主流であるのに対し、日本では、人に対して賃金を支払う属人給の要素が強い。同じ仕事をしている人でも、年齢、勤続年数、家族構成などが異なると、賃金が異なるのが日本では一般的である。近年では職務給の要素を取り入れる企業が増えたが、属人給的な要素をすべて廃している企業は少ない。

属人給を支える理念は二つある。一つは、従業員の生活に必要な額の賃金を支払うべきだとする考えである。専業主婦や子どもがいる従業員には扶養家族手当を支払うのは、そうした理念に基づいている。年齢に応じて賃金が上昇するのも、子どもが増え、教育費がかさむのに対応している。

もう一つは、何の仕事をしているかより、何の仕事ができるかによって賃金を支払うべきだという考え方である。これは、職務遂行能力（職能）に基づく賃金なので、職能給と呼ばれる。職能が異なれば、同じ仕事をしていても賃金が異なる。一見、奇妙な制度にみえるが、日本の企業には広く普及している。日本では、課単位のチームで仕事が遂行され、個人の職務が明確でないため、厳格な職務給は導入しにくい。定義に曖昧さを残した職能給のほうが企業にとっても運用しやすいのである。

ただし、それが、男女間賃金格差や正規・非正規間賃金格差の原因ともなっている。同じ仕事をしている正規労働者と非正規労働者の賃金が異なることは、職能が異なるということで正当化される。同じ仕事をしているパートタイム労働者とフルタイム労働者で賃金が異なることは、パートタイム労働者に対する差別を禁止するのが目的のはずのパートタイム労働法でも認められている。

パートタイム労働法は、ごく限られたパートタイム労働者についてのみ、賃金や教育訓練における差別的取り扱いを禁止している。それは、通常の労働者（正規労働者）と同じ内容の業務に従事しており、かつ、全雇用期間を通じて正規労働者と同様の人事異動がある労働者である。このようなパートタイム労働者は少ない。同じ仕事をしているフルタイム労働者とパートタイム労働者に対しては同じ賃金を支払うことが義務付けられているヨーロッパ諸国とは大きな違いである。

・注

（１）時間あたり賃金と勤続年数の数字の出所は厚生労働省「賃金構造基本統計調査 平成二三年」、研修受講者割合は厚生労働省「能力開発基本調査 平成二三年」、非正規労働者に占める女性の割合は厚生労働省「労働力調査」二〇一二年一〇月〜一二月平均値である。

（２）五〇歳代後半で勤続年数の男女差がやや縮まるのは、男性のなかに定年前に退職し、再就職する人が出てくるからである。
（3）厚生労働省「労働力調査」。一九八五年の数字は二月、二〇一一年の数字は一〇〜一二月平均。
（4）以下の数字の出所は、厚生労働省「賃金構造基本統計調査 平成二二年」である。
（5）図は、一時点のデータなので、ライフサイクルに応じた就業形態の変化を厳密にたどったわけではない。たとえば、現在二〇歳代前半の男性が五年後に図の二〇歳代後半の男性の位置にいるとは限らない。しかし、ライフサイクルに応じた就業形態の大まかな変化を議論するには問題ない。
（6）データの出所は、厚生労働省「能力開発調査 平成二三年」である。
（7）データの出所は、厚生労働省「能力開発調査 平成二二年」である。

第8章

日本的雇用制度と女性差別

1 終身雇用慣行と女性の活躍

日本の企業は、終身雇用制度、年功賃金制度、企業内人材育成制度、内部昇進制度、企業別労働組合などの独特の雇用制度をもっている。日本企業で活躍する女性が少ないのは、日本的雇用制度と呼ばれているこのような雇用制度が女性にとって不利な制度であるからだ。

まず、日本的雇用制度のサブシステムである終身雇用制度に着目し、終身雇用慣行が強い産業ほど、女性が活躍しにくいことを統計で示そう。図8-1は、終身雇用の程度を捉える変数として、男性正規労働者の平均勤続年数を、女性の活躍を捉える変数として、管理職（部長と課長）に占める女性の割合を用いている。(1) 図の横軸は、産業（大分類）ごとの男性正規労働者の平均勤続年数である。ただし、定年退職、再就職の影響を除くために、サンプルは六〇歳未満の労働者に限っている。縦軸は、管理職に占める女性の割合である。円の面積は、産業の労働者数に比例している。

図8-1　終身雇用制度と女性の活躍

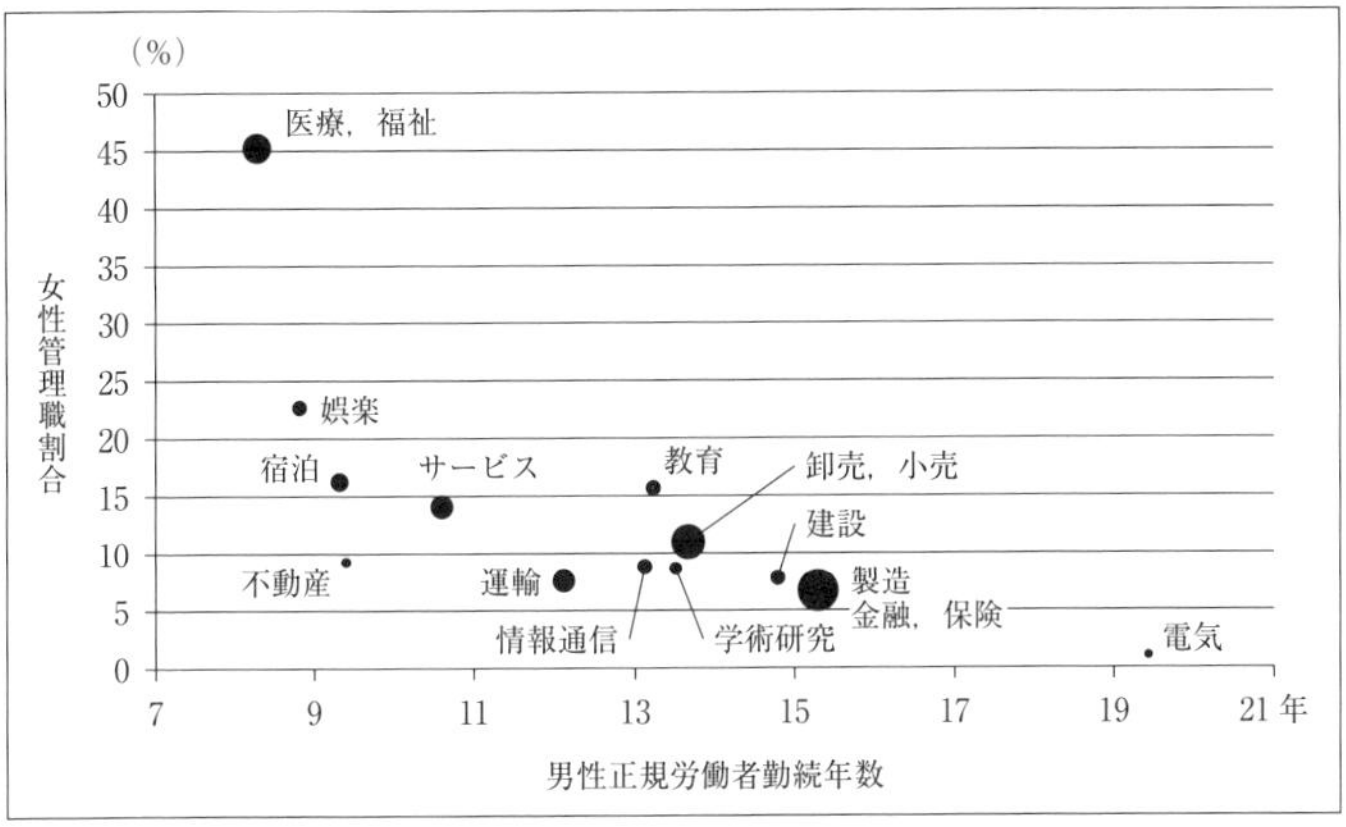

注：1）産業（大分類）ごとの，60歳未満の男性正社員・正職員の平均勤続年数と，管理職（部長と課長）に占める女性の割合を表わす。

2）円の面積は，産業の労働者数に比例する。

3）従業員数30人以上の企業が対象である。

4）産業の正式名称は左から，「医療，福祉」，「生活関連サービス業，娯楽業」，「宿泊業，飲食サービス業」，「不動産業，物品賃貸業」，「サービス業（他に分類されないもの）」，「運輸業，郵便業」，「情報通信業」，「教育，学習支援業」，「学術研究，専門・技術サービス業」，「卸売業，小売業」，「建設業」，「金融業，保険業」，「製造業」，「電気・ガス・熱供給・水道業」である。

5）「金融業，保険業」の円は「製造業」の円と重なっているため表示されていない。

データ出所：男性正規労働者勤続年数は厚生労働省「賃金構造基本統計調査 平成22年」，女性管理職割合は厚生労働省「雇用均等基本調査 平成23年」。

この図から、終身雇用慣行が強い産業ほど女性管理職の割合が低い傾向にあることがわかる。男性平均勤続年数が最も短い産業は、「医療、福祉」で、八・三年である。この産業では、女性管理職の割合が四五・二%と最も高い。看護師やホームヘルパーなど女性労働者が多い産業である。次いで男性勤続年数が短いのが、「生活関連サービス業、娯楽業」で八・八年である。女性管理職の割合は二二・七%と、二番目に高い。生活関連サービス業とは、洗濯、理容、美容、浴場、家事サービスなどであり、娯楽業とは映画館やスポーツ施設などである。三番目に男性平均勤続年数が短いのは「宿泊業、飲食サービス業」で、九・三年である。女性管理職の割合は一六・三%と、三番目に高い。

他方、右下に目をやると、最も男性勤続年数が長いのは、「電気・ガス・熱供給・水道業」で、一九・四年である。女性管理職の割合はわずか一・一%である。二番目に男性勤続年数が長いのは、「製造業」と「金融業、保険業」で、ともに一五・三年である。女性管理職の割合は、「金融業、保険業」が六・〇%、「製造業」が六・七%と、それぞれ二番目、三番目に低い。

このように、終身雇用慣行は女性にとって不利な制度であることをデータは物語っている。ここでは、産業大分類を用いて両者の関係をみたが、企業別のデータを用いても同じ傾向がみられる。また、企業別データを用いた筆者の分析では、企業規模や産業を調整しても、女性管理職割合は男性平均勤続年数と負の相関関係があることがわかっている。(2)「終身雇用慣行が強いほど女性が活躍できない」というのはかなり頑健な法則といえる。

2 日本的雇用制度の特徴

では、日本的雇用制度とは何なのだろうか。次にそれを説明しよう。日本的雇用制度は互いに補完的ないくつかのサブシステムからなっている。代表的なサブシステムは終身雇用制度、年功賃金制度、企業内人材育成制度、内部昇進制度、企業別労働組合である[3]。

(1)　終身雇用制度

終身雇用制度とは、新卒採用した労働者を定年まで雇い続ける雇用慣行のことである。社内に適当なポストがなくなれば、関連企業に出向させるなどして、雇用を保障する。終身雇用制度のもとでは、従業員の勤続年数が長くなる。しかし、終身雇用制度が単なる長期雇用慣行と異なるのは、新卒採用を採用の基本としている点だ。もちろん、すべての従業員にこのような雇用慣行を適用することはできない。パート、アルバイト、契約社員、派遣社員などの非正規労働者は終身雇用制度の枠には入らない。

終身雇用制度はあくまで慣行であり、企業と労働者の間の雇用契約ではない。企業には労働者を解雇する権利があり、労働者には企業を辞める権利がある。したがって、両者がそれらの権利を行使しない限りにおいて、終身雇用慣行が成り立つのである。一九九〇年代のバブル景気の崩壊後は、経営難にともなって解雇をする企業が増えたが、それでも欧米諸国と比べると、日本の解雇は少ない。

(2) 年功賃金制度

年功賃金制度は、同じ企業に長く勤めるほど賃金が高くなる制度である。勤続とともに賃金が上がる理由には、昇進と定期昇給がある。(4) 昇進は、一般社員から、主任、係長、課長、部長へと役職が上がっていくことであるが、多くの企業は、そのような役職以外に、資格等級制度（職能資格制度ともいう）によっても従業員をランク付けしている。資格等級とは、能力に応じて一級、二級、三級、……と等級が上がる制度である。等級の上昇は昇格というが、広い意味では昇進といえる。日本の企業では、昇進の基準として勤続年数が重視されることが多いので、勤続年数とともに、昇進し、給与が上がることになる。

それに対し、定期昇給とは、昇進とは関係なく、勤続年数とともに自動的に賃金が上昇する制度である。かつては、ほとんどの企業が定期昇給制度をもっていたが、バブル景気崩壊後は、定期昇給制度があっても実施を見送ったり、制度自体を廃止する企業が増えている。それに加えて、年齢や勤続年数より、職務内容や業績を重視して賃金を決める企業が増えているため、勤続による賃金の上昇は緩やかになりつつある。

(3)　企業内人材育成制度

企業内人材育成制度とは、新卒の労働者を採用し、企業自らが人材を育てる制度である。人材育成は、教育訓練と定期異動を組み合わせて行なう。教育訓練には、職場で仕事に就きながら訓練を受けるＯＪＴ（On-the-Job Training）と、職場から離れて学校や訓練所で訓練を受けるＯＦＦ-ＪＴ（Off-the-Job Training）がある。二〇一一年には七七％の企業が何らかの教育訓練を実施している。大企業ほど実施率が高く、従業員数一〇〇〇人以上の大規模事業所では九九％に上る(5)。

定期異動とは、数年ごとに部署を異動する制度である。部署を異動することによって、広い知識や技能を身につけ、企業全体のなかでの自分の役割がわかるようになる。ただし、部署の異動といっても、たとえば人事から経理へ、研究開発から営業へといったような、大きな部門を越えた異動は稀で、大まかな自分の専門領域内で異動があるのが普通である。

(4)　内部昇進制度

内部昇進制度とは、あるポストが空いたとき、企業外から人材を採用するのではなく、企業内の一ランク下のポストの人を昇進させる制度である。日本では転職自体が少ないが、内部昇進制があるために、管理職の転職はさらに少ない。欧米では、転職市場が発達しており、一般社員から取締役まで、さまざまなランクの求人情報が公開されている。会社を移りながらキャリア形成をしていくのが一般的である。

(5) 企業別労働組合

企業別労働組合とは、企業や事業所を単位として設立されている労働組合のことだ。企業別労働組合以外の労働組合としては、同じ職種に従事している労働者の組合である職業別労働組合、同じ産業の労働者の組合である産業別労働組合、企業や職種や産業に関係なく誰でも入れる一般労働組合などの形態があるが、日本では九割が企業別労働組合である。

日本の労働組合の特徴として、労使協調があげられる。経営者も、若い頃は労働組合員であったのが普通であり、労働組合員も将来は経営者になるかもしれない。経営者と組合員の心理的距離が近いのが企業別労働組合の特徴である。企業と組合は、賃金や労働時間などの雇用条件にかかわる問題について交渉するほか、経営の多角化や縮小、海外進出など経営戦略にかかわる多様な問題について協議をすることが多い。一九七〇年代の石油危機以降は、ストライキも減り、賃上げよりも雇用維持に重点を置いた活動をしてきた。労働組合参加率は長期低下傾向にあり、現在では二割を切っている。

3 日本的雇用制度の経済合理性

これら五つの制度は相互依存的な関係にある。企業の生産性という観点からすれば、制度の中心にあるのは、企業内人材育成制度である。日本企業は、新卒採用者を自らの手で長期間かけて育成することによって、優秀な人材を生み出している。また、内部昇進制度は、従業員が自ら積極的に教育訓練を受け、勤勉に働くインセンティブとして機能している。

企業内部で人材育成をすると、従業員は勤続とともに技能や知識が高度になり、賃金が上昇する。それが、年功賃金制度となる。

企業内人材育成は、内部昇進をともなうのが普通である。教育訓練と異動によって、より上の職位に就ける人材を育成するからである。また、内部昇進制度によって企業内の管理職ポストが保障されることにより、労働者が定年まで同じ企業で働くことが可能になる。さらに、企業内人材育成を実施している企業は、解雇をできるだけ控える傾向がある。解雇をすると、せっかく育成した人材が無駄になるからだ。こうして、企業内人材育成制度によって終身雇用制度が形成される。

逆に、終身雇用制度の存在によって、企業内人材育成制度がより安定的なものとなる。労働者は、解雇の心配がないので、安心して企業の教育訓練や異動を受け入れることができるし、企業にとっても労働者が自発的に離職する確率が低いため、安心して教育訓練に投資することができる。

最後に、終身雇用制度がある企業では、企業間の人材の移動が少ないため、職業別組合や産業別組合より、企業別組合という組合形態が適している。賃金をはじめとする雇用制度は企業によって異なり、業績も企業によって異なる。そのような企業の事情を労働条件に反映せるためには、産業別組合よりも企業別組合のほうが適している。また、企業別組合であれば、企業の経営方針にかかわるような事項についても、協議が可能である。

日本的雇用制度は、大企業ほどよく採用している制度である。規模の小さい企業は、人材育成に多くを投資する資金力がない。また、不況期に従業員を解雇しないで雇い続けるのも資金的に難しい。さらに、従業員もより雇用条件の良い企業を求めて比較的頻繁に移動する。このように必要な人材をじっくり育成できないため、中小企業は中途採用によって即戦力を活用する傾向が強い。しかし、中小企業の経営者も多くは、企業内人材育成や終身雇用制度を理想と考えている。日本的雇用制度の対極にあるのは、アメリカの雇用制度である。アメリカでは、労働者が頻繁に企業を移動する。企業を移動しながらキャリアを形成していくのが一般的である。職業能力の形成は自己責任で行なわなければならない。しかし、そのアメリカですら、一部の大企業では、ある程度、日本的雇用制度と共通の特徴がみられる。比較的長期の雇用、企業内人材育成、内部昇進などである。

日本的雇用制度の形成には長い歴史がある。研究者によっては、古く江戸時代の商家の雇用慣行にその源流を求めることもあるが、その後、産業革命や戦時経済体制を経て、戦後の高度経済成長期にその基礎がつくられたと考えるのが妥当だろう。

しかし、一九九〇年代初頭のバブル崩壊以降、日本的雇用制度は経済環境の変化にうまく順応できているとはいえない。終身雇用制度は、右肩上がりの経済環境のもとでなければ維持することが難しい。不況が長く続けば、大企業といえども従業員を定年まで雇い続けるのは難しい。経常利益が少なくなれば、人材育成への投資も負担としてのしかかってくる。それでも大企業の大半は、相変わらず、企業内人材育成や終身雇用制を維持しようとしている。しかし、その対象となる正規労働者は減少し続けている。正規労働者の採用を減らし、限られた正規労働者に対し、日本的雇用制度を適用しようとしている。

4 日本的雇用制度の差別性

日本的雇用制度については、これまで多くの研究がなされてきたが、その中心は、日本企業の高い生産性、良好な労使関係、日本の低い失業率との関係などの分析であり、女性差別との関係についての研究は少なかった。しかし、図8-1が明らかにしているように、日本的雇用制度のサブシステムである終身雇用慣行が強い産業ほど、女性の活躍は難しい。

日本的雇用制度のもとでは女性が活躍しにくいことを示すもう一つの例として、労働組合と女性の活躍の関係をみよう[6]。図8-2は、労働組合の有無によって女性管理職割合がどのように異なるかをみている。大企業ほど労働組合がある確率が高いので、企業規模の影響を調整するため、企業規模を五つに分けている。

図8-2　労働組合の有無と女性管理職割合

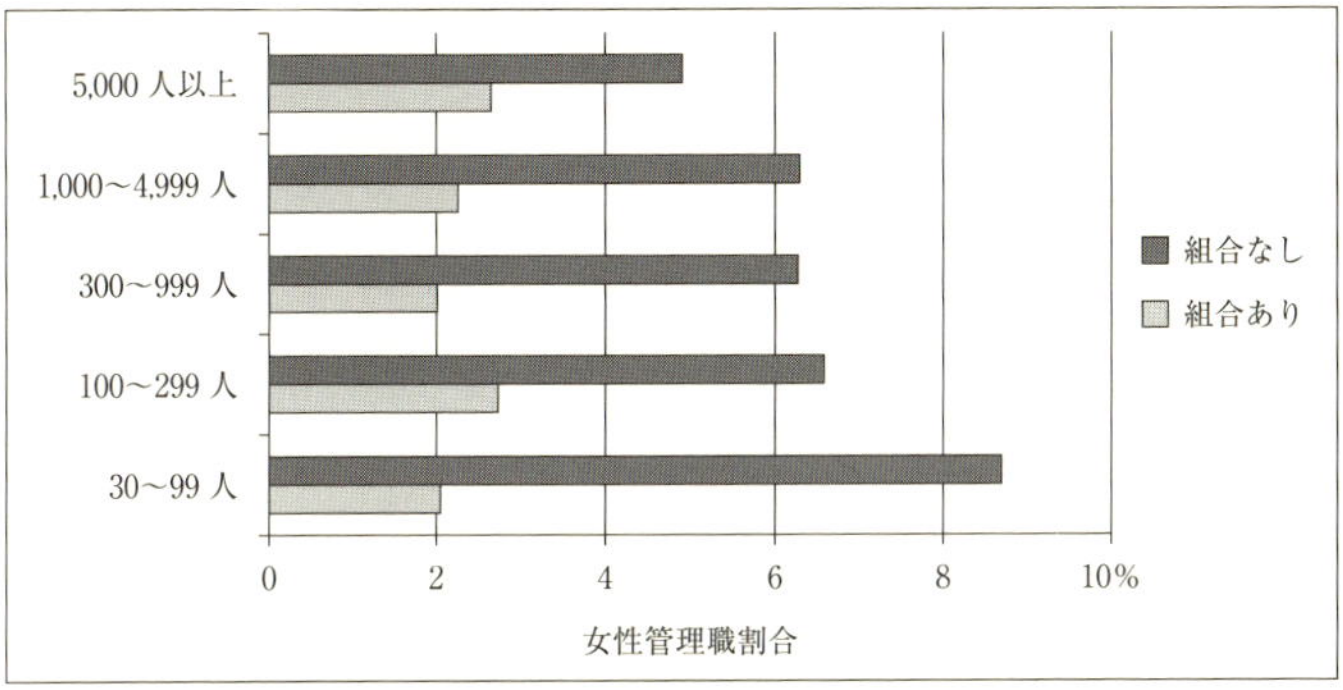

データ出所：厚生労働省「雇用均等基本調査 平成 21 年」。

いずれの規模でも労働組合のある企業のほうが女性管理職の割合が低い。しかも、その差は非常に大きい。五〇〇〇人以上の大企業で、その差が最も小さいが、それでも組合のある企業の女性管理職割合は、組合のない企業のおよそ半分である。

なぜ、日本的雇用制度のもとでは女性が活躍できないのだろうか。その理由として、以下のことが考えられる。

第一に、日本的雇用制度の根幹にある長期的な企業内人材育成は、女性にとって不利な制度である。女性は結婚や出産で辞める確率が男性よりはるかに高い。第一子出産後に就業を継続している女性は三割程度にすぎない。長期的人材育成を重視する企業ほど、女性を採用しないし、採用しても、基幹的業務ではなく、補助的、定型的業務に就けようとする傾向にある。

第二に、終身雇用制度のもとでは、新卒採用が基本であり、正規労働者の中途採用が少ない。結婚や出産で退職した女性が、その後再就職しようとしても、終身雇用慣行が強い企業では、正規労働者としての再就職は難しい。

第三に、中規模以上の企業になると、全国各地に工場や営業所をもっており、定期的な転勤がある。それによっていろいろな職場を経験し、技能や知識を豊かにするとともに、社内外での人脈をつくり、会社のなかでの自分の役割を自覚することができる。転勤のできない労働者は、昇進で不利な扱いを受けるのが普通である。結婚している女性は転勤が難しいため、キャリア形成で不利になる。

第四に、企業別労働組合は、終身雇用とそれに基づく長期的人材育成を強固にすることで、女性に不利な雇用環境を生み出す。さらに、労働組合のある企業は男性の平均勤続年数や平均年齢が高いため、男性中心の古い企業風土が残っている。そのような企業では人事制度の改革に対し、組合の同意や協力を取りつける必要があり、改革がなかなか進まない。女性の活躍推進に直接反対する組合は少ないとしても、年功主義を廃し、実力主義的人事制度を導入することには反対することが多く、結果として女性の活用が進まない。

5　統計的差別の理論

日本の女性差別の構造を理解するうえで、重要なのが統計的差別の理論である。統計的差別の理論は、この国の女性差別を次のように説明する。

企業は採用後に、教育訓練を行なうため、訓練した人がすぐに辞められては困る。したがって、企業は長く勤める労働者を求める。しかし、労働者を採用する際、誰が長く勤めるかはわからない。ただ、統計的に男性の平均的離職確率が女性の平均的離職確率より低いことは知っている。それゆえ、企業は男性を優先的に採用する。

これは、離職確率のジェンダー格差に基づく女性差別の説明であるが、採用における女性差別には、離職確率のジェンダー格差以外にもう一つの重要な要因がある。それは、働き方のジェンダー格差である。男性は家庭より仕事を優先して働く傾向があるのに対し、女性は、家庭優先か仕事と家庭の両立が可能なように働く傾向がある。企業は、男性に対しては、気兼ねなく、出張、転勤、残業などを命じることができるが、女性に対してはそれが難しい。それが、企業の基幹的な仕事から女性を排除する動機となっている。

性別統計情報を利用した差別がはたして糾弾されるべき差別かどうかは議論の分かれるところである。実際、このような女性差別が放置されているのは、それを差別と感じないか、少なくとも目くじらを立てるほどの問題ではないと考えている人が多いからである。

性別に基づく採用が女性差別であることは明らかであるが、法律では差別が立証できないように曖昧な表現が用いられている。男女雇用機会均等法は次のように述べている。

第五条　事業主は、労働者の募集及び採用について、その性別にかかわりなく均等な機会を与えなければならない。

ここで重要なのは、「機会」という言葉である。企業が「男性のみ募集」とか「男性九〇人、女性一〇人募集」と明言していれば、法律違反であることが明らかである。しかし、それを明言せず、形式上男女を募集すれば、最初から女性の採用をする気がないか、あるいは女性には男性以上に高い能力を要求したとしても、法律違反にならない。これからは、機会の平等だけでなく、結果の平等が実現しているか否かについて、国民が監視できる制度作りが課題である。詳しくは第9章「日本が変わるために」で議論する。

6 就職差別が容認される理由

筆者は、大学生に対し、「企業が、女性は結婚や出産で退職することが多く、たとえ就業を継続しても、残業、出張、転勤などをさせにくいという予測に基づいて採用を決定することをどう思うか」というアンケートをとったことがある。いうまでもなく、このような採用方法は、「性別にかかわりなく均等な機会を与えなければならない」とする均等法の第五条に違反する。

このような採用方法は許されないと考える学生の主張には四つのタイプがあった。第一は、性別は自分では選択できない。それを基準に採用を決められては、女性はどうすることもできないというものである。第二は、離職確率や働きぶりのジェンダー格差は、他人の行動の結果であり、入社後の自分の働きぶりによるものではない。他人の働きぶりを基準にして自分の採用が決められるのは納得できないというものである。第三は、平均でみれば女性は離職確率が高いが、なかには長期勤続の女性もいる。十把一絡げにするのは意欲のある女性にとって不公平だというものである。第四は、女性の離職確率は、企業の努力によって下げることができる。働きやすい環境を整えないで女性を採用しないのは企業の身勝手だというものである。

いずれも性別を採用基準とすることが女性差別であることを論理的に主張するものである。ただ、このような考えをもつ学生は少数派だった。多くの学生は、性別を採用基準とすることは、望ましいことではないにしても、仕方ないことだと考えている。だからこそ、そのような理不尽がまかり通っているのである。

性別を採用基準とすることを容認する理由には、二つのタイプがあった。第一は、そして最も多くの学生の回答は、将来の働きぶりや離職確率は、企業にとって重要な情報であるから、そのような情報を利用して採用を決める権利が企業にはあるというものである。第二の意見は、性別を基準とすることは、一部の女性にとっては不公平だけど、多くの女性にとっては不公平ではない。なぜならば、実際に、女性の多くは男性ほど仕事をしたいとは思っていないからというものである。後者は、専業主婦志向の女子学生に多かった。

後者と似たような意見を経済学者のエイグナーとケインが述べている。彼らは、離職率などの男女別統計情報を利用することは、個人を差別することになっても、女性全体を差別することにはならないと主張する。企業は、男性の平均的能力や働きぶりや離職確率と女性のそれらの情報を利用して、個々の労働者の能力や将来の働きぶりや離職確率を予測する。したがって、男性全体、女性全体としては、正しい情報に基づいて判断されているわけで、女性が全体として差別されているわけではないという(7)。

7 女性差別の経済構造

統計的差別の理論は、女性差別が経営者の合理的判断に基づいていることを示している。したがって、統計的差別を厳しく取り締まると、企業経営に損失を与えてしまう。この点が、差別の容認や厳格な差別禁止法への反対につながっている。しかし、女性差別が社会全体にとって合理的かといえば、それには大きな疑問符がつく。

世の中には、個々の経済主体にとっては合理的判断であっても、社会全体にとっては合理性がないということがある。代表的なのは、環境破壊である。私たちが自分の便益だけを考えて行動すれば、環境破壊が進み、結局みんなが苦しむことになる。ゴミの分別回収、二酸化炭素排出への課税、自動車の排気ガス規制などの政策によって環境破壊を規制することで、社会全体としてはより好ましい状態となることは広く知られた事実である。こうした取り組みは、一個人や一企業が行なうには限界があり、政府がリーダーシップをとらなければならない。

女性差別についても同様のことがいえる。企業による統計的差別は、個々の企業にとっては合理的行動かもしれないが、女性が活躍できない社会をつくってしまい、社会全体としての合理性はない。それを説明しているのが図8-3である。この図は、「仕事と家庭の両立が困難な社会環境」のもとでは、「企業による女性差別」と「家庭における性別分業」という二つの制度あるいは慣行が相互に依存し合っていることを示している。

「仕事と家庭の両立が困難な社会環境」とは、労働時間が長く、育児や介護のための休暇がとりにくく、保育所が足りないような状態である。このような社会では、女性の出産後の離職率が高くなる。また就業を継続する場合でも、女性はパートタイムという就業形態をとり、家庭優先

図8-3　女性差別・性別分業・両立困難性の相互依存関係

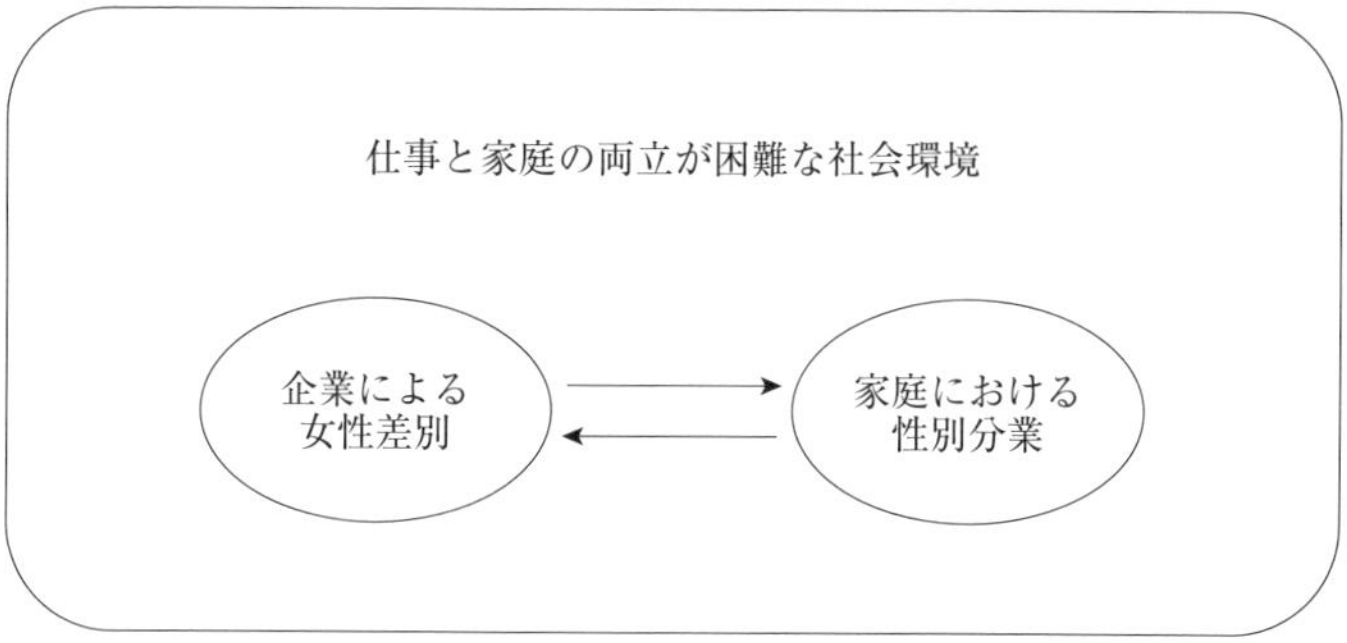

の働き方をする。こうして「夫は仕事、妻は家庭」という性別分業が生まれる。

性別分業のある社会では、企業は女性を採用しないか、採用しても重要な業務には配置しない。女性は、結婚・出産後の離職率が高く、家庭優先の働き方をするからである。こうして、「企業による女性差別」が生み出される。

逆に「企業による女性差別」があると、女性は企業で活躍することができないため、結婚出産後は、家事・育児に責任をもつようになる。こうして、「夫は仕事、妻は家庭」という性別分業が形成される。

このような女性差別と性別分業の構造がある社会では、一個人や一企業の努力でそれらを解消するには限界がある。個人も企業も、与えられた経済環境のもとでは合理的選択をしているからである。日本の大企業の場合、最も均等化が進んでいる企業でも、女性管理職の割合が欧米先進国の平均的企業にも及ばないのはそのためである。このような環境のもとでは、政府や経営者団体や労働組合の全国組織がリーダーシップをとって改革を進めなければならない。

また、三つの制度のうち一つだけを改革しようとしても難しい。たとえば、企業による女性差別を厳しく禁止することについては、企業の抵抗があるうえに、一般の女性からの支持もそれほど大きくない。そこで、女性差別禁止の厳格化は、仕事と家庭の両立を推進する政策と同時に進めなければならない。

・注

(1) 終身雇用の程度を捉える変数として、女性を含む全正規労働者の平均勤続年数ではなく男性正規労働者の平均勤続年数を用いるのは、女性正規労働者の割合が平均勤続年数に及ぼす影響を除くためである。一般に女性の勤続年数は男性より短いため、女性を含む全正規労働者の勤続年数は、女性正規労働者が多い産業ほど短くなる傾向がある。

(2) 川口章［二〇一一］、「日本的雇用制度と男女格差」日本経済学会二〇一一年春季大会報告論文。

(3) これら以外に、賃金におけるボーナス制度、集権的人事管理制度も日本の特徴であり、また、ガバナンスの面からはメインバンク制が重要であるが、ここでは議論しない。

(4) このほか、全従業員の賃金を一斉に引き上げるベースアップがあるが、年功によって上がるわけではないので、ここでは説明を省略する。

（5）厚生労働省「能力開発基本調査 平成二三年度」。
http://www.e-stat.go.jp/SG1/estat/GL08020103.do?_toGL08020103_&listID=000001087870&requestSender=dsearch

（6）厳密にいえば、企業別労働組合の有無と女性管理職割合の関係を知りたいが、調査では、労働組合の形態が企業別労働組合かそれ以外の労働組合かはわからない。

（7）Aigner and Cain［1977］参照。彼らの主張が、賃金差別については正しいが、採用における差別については必ずしも正しくないことは、川口［二〇〇八］第三章、で議論している。

第9章

日本が変わるために

1 ジェンダー平等——目的か手段か

ジェンダー平等を求める声には二通りある。一つは、女性の活躍が企業の競争力強化や日本の経済成長にとって必要であるというもの、もう一つはジェンダー平等自体に価値があるとするものである。前者はジェンダー平等を何かの手段であると位置づけ、後者はジェンダー平等が究極の目標であると位置づけている。

ジェンダー平等を企業の競争力や国の経済成長の手段と考えるのは、ご都合主義的で誠実ではないと思われるかもしれない。ジェンダー平等は、基本的な人権であり、それ自体が目標とされるべき理念であるという主張は正論のようにみえる。しかし、現実の社会から遊離したジェンダー平等はありえない。経済効率を犠牲にしたジェンダー平等を実現するのは難しい。そのような試みは、あまりに大きな経済的、心理的負担を生み、人々の間に軋轢が生じるからである。経済効率の追求によって可能になるジェンダー平等もある。経済効率と両立するジェンダー平等があるのであれば、私たちは、まずそれを模索すべきではないだろうか。

企業における女性の活躍には、経営トップの強い信念と指導力が必要であるといわれる。ただし、その信念とは、女性の活躍が企業の持続的成長に不可欠であるという信念でなければならず、倫理観としての平等主義だけでは十分でない。企業業績を犠牲にした女性の登用は、何よりも登用された本人にとって負担となる。女性であるという理由で優遇され管理職になったとしても、地位にふさわしい活躍ができなければ意味がない。実際に女性の管理職が多い企業をみると、女性が活躍できる企業風土や制度が整っていることがわかる。

女性の活躍が企業の持続的成長や経済成長につながる理由について、主なものを以下にあげる。

第一に、男性だけを採用し育成するより、女性も採用・育成したほうが、より多くの優秀な人材を確保できる。採用対象者の数が倍になるからである。知的能力において男女の差はないにもかかわらず、実際に企業で活躍しているのは、大半が男性である。日本の企業は、潜在的に能力のある女性を十分に活用できていない。女性労働力を活用できれば企業の競争力が増すはずである。

第二に、消費者の半分は女性である。また、食料品、衣料品、日用雑貨、子ども用品、家電、家具、育児サービス、教育サービスなど、消費財やサービスの多くは、その購入に女性が決定権をもっているといわれる。したがって、女性が買いたくなるような商品やサービスの開発、また女性の購買意欲をそそるようなマーケティングをすることが消費財製造業や小売業にとっては重要である。それには、男性だけが商品開発やマーケティングを行なうのではなく、女性がそこに参加することが重要だろう。

第三に、商品開発やマーケティングに限らず、企業経営一般についても、男性だけで方針を決定したり問題を解決するよりも、女性を含めた多様な人の意見を入れるほうが斬新な考えが生まれる可能性が高い。ところが日本の大企業の場合、管理職や経営者の大半が他の企業や業界で働いた経験がない生え抜き社員であり、そのほとんどは男性である。そのような同質の人間だけで経営方針を決めていては、古い伝統や慣習に囚われ、時代の変化に迅速に対応することが難しい。それまでの経営に潜む問題を見つけ、その解決手段を生み出すためには、多様な人材が必要である。

2　ジェンダー平等化政策の三つの柱

女性の活躍が企業の持続的成長に必要だとすれば、女性が活躍している企業は高い利益を上げているのだろうか。筆者は、これまで、いくつかのデータベースを利用して、管理職に占める女性の割合と企業利益の関係を分析した。全般的には、女性管理職の割合が高い企業では利益が高い傾向にあるが、データベースによってはそのような結果にならないこともある。

考えてみれば、それは当然のことかもしれない。女性管理職を増やせば簡単に利益が上がるのであれば、企業はこぞって女性を管理職に登用するだろう。女性管理職割合が一〇％に満たないという状態が続くはずがない。それぞれの企業の経営者が最適と思う女性管理職割合を選んだ結果が、女性管理職割合一割弱という数字なのである。

女性労働力の活用は企業にとって利益をもたらす可能性があるが、同時に費用をともなうのも事実である。家庭における性別分業が明確な日本では、女性は、男性のように残業、休日出勤、出張などを自由にこなせるわけではない。さらに、妊娠・出産で退職する女性が多い。このような極端な性別分業がなくならない限り、企業が女性を活用するのには限界がある。

逆にいえば、家庭における極端な性別分業が解消され、女性が職場で男性と同等に働けるようになれば、企業は女性を活用することによって競争力を増し、日本経済の成長にも寄与することができる。そのために政府および企業がとるべき施策は、極端な性別分業を解消するためのワーク・ライフ・バランス施策と企業による女性差別を規制する男女均等化施策であり、それらを効率的に推進するためには企業の雇用情報開示が有効である。以下、それぞれについて考察しよう。

3 ワーク・ライフ・バランス施策

ワーク・ライフ・バランス（Work-Life Balance: WLB）は、仕事と生活の調和と訳される。つまり、仕事と仕事以外の生活（家事、育児、家族との時間、趣味、スポーツ、地域活動、ボランティア活動、習い事、友達との付き合いなど）がうまくバランスがとれるような状態のことである。日本では、男性は仕事が第一、女性は家庭が第一という傾向が強かったが、近年、若い人を中心に仕事と生活のバランスを重視したいという人が増えている。しかし、それにもかかわらず、現実には、正規労働者の労働時間は長くて不規則であり、生活とのバランスは容易ではない。世界的にみても、先進国では、日本の長時間労働者の割合は韓国に次いで長い。(1) しかも、日本の場合、三〇歳代の男性に長時間労働者が多い。これは、子どもが生まれると、妻が専業主婦になるため、夫が仕事に専念し、残業が増えるためと考えられる。育児期にこそＷＬＢが必要であるにもかかわらず、より性別分業が強化されるのが日本の実態である。

労働時間規制強化

ＷＬＢ施策として何より重要なのは、正規労働者の労働時間短縮である。そのためには、労働基準法を改正し、残業時間に対する規制を強化する必要がある。現在の法定労働時間は週四〇時間であるが、二五％の割増賃金（残業が月六〇時間を超える場合は五〇％）を払えば、四〇時間を超えて労働させることが可能である。日本の労働時間規制は、欧米先進国と比べると非常に緩やかだ。アメリカやイギリスでは、残業割増率は日本の倍の五〇％である。また、ＥＵのほとんどの国では、週四八時間を超えて労働させることが原則として禁止されている。日本もこのような欧米並みの規制が必要である。

労働時間の規制強化は、一時的には企業にとって負担となるが、長期的にみれば企業にとって利益となる可能性がある。第一に、家事や育児との両立が可能になることで、女性労働力の活用が可能になる。しかも、ただ女性労働者の数が増えるというだけでなく、女性が正規労働者として働くことが可能になる。たとえば、これまでは残業ができなければ一人前の正規労働者とみなされなかったのが、短時間で通常の業務をこなすことが一人前とみなされるよう企業風土の変化が生まれる可能性がある。それによって、残業ができなかったために重要な職務に配置されず、昇進機会がなかった女性労働者に活躍の道が開ける。

第二に、男性の労働時間が減ることにより、既婚男性が家事や育児に参加しやすくなり、家庭における性別分業が弱まる。その結果、家事・育児負担が減った女性の就業意欲が向上する。もちろん、男性の労働時間の削減が、男性の家事や育児への参加につながるという予想は楽観的にすぎるかもしれない。しかし、少なくとも若い男性、とくに学生のなかには、将来、仕事と家事や育児を両立させたいと考えている男性が多い。それが就職して、一年も経たないうちに、その考えがいかに甘かったかを思い知るのである。もし、労働時間が短くWLBのとれた社会になれば、家事・育児を担う男性は増えるだろう。

第三に、労働者の健康改善につながる。とくに近年は、うつ病などの精神疾患で長期の療養や退職、さらに悪い場合には自殺に追いやられる労働者が増えている。精神疾患は働き過ぎとの関連が強い。労働時間の規制の強化は、労働者の健康につながり、企業の生産性を向上させる。

第四に、労働時間の規制強化は、作業の効率化につながる。これまでは、長時間残業を前提に作業工程を組んでいたのが、残業をしないことを前提とした作業工程に修正することを迫られる。会議時間の短縮、作成書類の簡素化、重要な仕事を優先し、重要でない仕事に時間を割くことを止めることで、残業を減らし、労働費用を削減することが可能になる。

仕事と育児の両立支援

ＷＬＢ施策として次に重要なのは、育児と仕事が両立できるような制度を充実させることである。女性労働者の半分以上は、第一子の妊娠や出産を契機に仕事を辞めており、その後のキャリア形成にとって大きな障害となっている。仕事と育児を両立させるうえで、保育所は決定的に重要である。三世代世帯が減っている今、保育所がなければ両立は困難である。待機児童数は、二万人を超えており、働きたくても働けない母親が多い。しかも、公表されている待機児童数は氷山の一角にすぎない。自治体から紹介された保育所が自宅から遠くて利用できない場合や、入所の見込みがないために、あきらめて待機リストに名前を載せていない場合は、待機児童に数えられない。保育所の充実は、女性の就業を可能にするとともに、出生率を上昇させ、経済成長の源泉ともなる。

育児休業取得率を上昇させるのも重要なＷＬＢ施策である。女性の育児休業取得率はここ数年九割前後で推移しているが、男性の育児休業取得率は三％未満と、極端に低い。今後は、男性の育児休業取得率上昇にもっと力を入れるべきである。男性の育児休業取得率上昇が社会にもたらす影響は大きい。

第一に、現在は、男性がほとんど育児休業をとらないため、育児休業をとり、育児負担を抱える労働者が特別な存在として扱われる。育児休業をとった女性は、復帰後も仕事と育児を両立させた働き方となるため、キャリア形成の面で、同期の男性や独身女性に遅れをとることが多い。それどころか、社内の主要な職務から外され、その後のキャリア形成が困難になることも珍しくない。企業のなかで男性社員が育児休業を取得し、育児に参加することが当たり前になれば、育児を担う女性社員との格差がなくなる。

第二に、社会全体で育児に参加する男性が増えれば、その妻の育児負担が減る。それにより、子どものいる女性の仕事に割ける時間が増え、女性の就業意欲が向上する。

第三に、男性の育児への参加は、男性の視野を広め、仕事能力を向上させる可能性がある。たとえば、サービス業や小売業では、子育ての経験により、子ども連れの顧客への気遣いができるようになったという例や、子ども連れが安心して利用できる安全な店舗設計を考案できたという例がある。また、育児をしている社員は時間管理能力が増し、より効率的に仕事をするようになるという指摘もある。

しかし、男性の育児休業取得は、個々の企業にとっては、女性の育児休業取得に比べてメリットが小さいことは否めない。女性と異なり、男性は育児休業制度がなくても、出産退職することはないからである。それに対し、従業員が育児休業をとることで、一時的な業務分担の見直しなどの負担が発生する。しかし、それでも社会全体にとっては大きなメリットがあることを強調したい。男性が育児に参加することで、その妻の仕事と育児の両立が可能になり、女性が労働市場に参加できるようになるからである。

つまり、男性の育児休業取得推進施策は、それを行なう企業にとってはあまりメリットが大きくないかもしれないが、社会全体にとっては大きなメリットがある。このような場合、国や経営者団体がリーダーシップをとって、男性労働者の育児参加を推進することが必要である。たとえば、現在は育児休業中の所得補償として、子が一歳になるまで（事情があれば一歳六カ月になるまで）賃金の五〇％（休業開始から一八〇日目までは六七％）が雇用保険より支払われる。この所得補償を、最初の一カ月だけでもいいから一〇〇％にすれば、男性はもっと育児休業をとりやすくなる。また、中規模以上の企業に対しては、男性の育児休業取得率一〇％を目標とし、その目標を達成するための計画の策定と公表、および、毎年の育児休業取得率の公表を義務付けるという施策も効果があるだろう。

▼ビジネス慣行の改革

ＷＬＢを阻害するビジネス慣行の改革も必要である。業界に定着しているビジネス慣行は、一企業だけでは変更できない。典型的なのは、接待である。多くの業界では、顧客に対する飲食、カラオケ、ゴルフ、観劇、スポーツ観戦などの接待が常態化している。これらのほとんどは、夜や週末など所定労働時間外に行なわれる。飲食も二次会、三次会となると、女性客が入りにくい店に行くことがある。このような接待を担当する営業職には、どの業界でも女性が極端に少ないのが日本の実態である。欧米先進国では、夜や週末の接待が行なわれることはほとんどないし、日本企業でも、欧米の企業と取引をする際には、行き過ぎた接待は控えている。

こうした接待は企業にとっても大きな出費となるが、一社だけ接待を止めてしまっては、顧客の獲得が難しくなる。このような場合、業界全体として行き過ぎた接待をしないよう自主規制することが望ましい。実際そのような自主規制を行なっている業界も存在する。

医薬品業界で営業職に当たる職種はMR（Medical Representative: 医療情報担当者）と呼ばれる。MRは、医薬品の適正使用のために、病院など医療関係者を訪れ、医薬品情報の提供、収集を行なう。従来は、他産業の営業職と同様、典型的な男性職種だったが、近年女性MRが増えつつある。今日、二〇歳代のMRの三分の一以上を女性が占めている。

全国の製薬会社でつくる医療用医薬品製造販売業公正取引協議会は、二〇一二年四月から接待の規制強化を打ち出した。医療関係者一人当たりの接待費を一回につき二万円を上限とし、二次会、カラオケ、ゴルフ、観劇、スポーツ観戦は禁止した。これらは、WLBの推進や女性MRの雇用促進を直接の目的としたものではないが、間接的にWLBを改善し、働きやすい職場環境を生み出す。とくに仕事と家庭の両立が必要な女性MRにとっては望ましい改革である。

このように、医薬品業界では接待の自主規制が行なわれたが、このような事例は非常に珍しい。ほとんどの業界では、接待が常態化している。政府が民間企業の接待を禁止することは難しいだろうが、接待費への課税を強化すれば、企業が接待を自粛するインセンティブとなる。

接待の慣行は、女性の活躍を阻むだけではない。接待費用の一部は、価格に転嫁され、消費者が負担することになる。世論の支持があれば、このような無駄遣いを規制することは決して難しくない。二〇年ほど前までは、官僚に対する接待が当然のごとく行なわれていたが、それに対する国民の批判を背景に国家公務員倫理法が制定されて以降、すっかり影を潜めてしまったという好事例がある。

4 男女均等化施策

WLB施策は、女性の活躍にとって不可欠な施策であるが、それだけでは十分でない。WLB施策は、女性の離職率を低下させることによって、女性が活躍する機会を増やし、女性管理職が増えるという効果がある。しかし、女性の離職率は低下しても、企業内に性役割分担があるため、主要な業務には女性が就いていない企業も多い。男女均等化施策は、企業内の性別分業を除去し、女性が男性と同等の仕事ができるよう職場慣行を変える施策である。

WLB施策の一部は男女均等化施策と重なっている。仕事と育児・介護の両立支援は、男女の均等化にとっても不可欠であるから、ＷＬＢ施策であるとともに、男女均等化施策でもある。両立支援以外の均等化施策としては、女性が活躍するために必要な施策を策定する専門の部署を設置する、問題点の調査・分析をする、女性が少ない職種（研究職や営業職）に積極的に女性を登用する、男性に対して女性活躍の必要性を啓発する、女性が働きにくい職場環境や風土を改革するなどがある。国や経営者団体が強いリーダーシップをとり、このような施策を推進することが、今必要とされている。

ポジティブ・アクション

女性に限らず、障害者、人種的マイノリティー、高齢者などに対する不平等な取り扱いを解消するために、政府や企業が取り組む積極的改善措置のことをポジティブ・アクションという。ポジティブ・アクションには、ＷＬＢ施策も含まれる。ポジティブ・アクションは、国によってはアファーマティブ・アクションと呼ばれている。ポジティブ・アクションとアファーマティブ・アクションには、それらの制度が生まれた経緯や理念などに違いがあるが、今では、それぞれの用語の定義にはっきりした違いはない。以下では、文脈によってそれぞれの言葉を使い分けるが、意味は同じである。

雇用分野におけるアファーマティブ・アクションは一九六〇年代のアメリカで始まった。人種差別に対する反対運動が未曾有の盛り上がりを見せるなか、ケネディー大統領が、連邦政府に商品を納入する企業に対し、人種、宗教、肌の色、出身国にかかわらず労働者を平等に扱うことを要求した。一九六七年には、この原則が女性差別にも適用された。

この制度の特徴は、女性やマイノリティーに対する差別的雇用慣行をもっている企業に対し、連邦政府と取引ができないというペナルティーを科したことである。これは、国民の税金を使って道路やビルを建てたり、物品を購入する場合、その納入業者は、平等な雇用制度をもっている企業でなければならないという考えに基づいている。同様の制度は多くの州政府や地方自治体が導入しているため、その影響力は小さくない。今日では、同様の制度が、ほとんどの先進国で導入されている。また、政府や自治体との取引の有無にかかわらず、一定規模以上の企業すべてにアファーマティブ・アクションを義務化しているオーストラリアのような国もある。

何をもって差別的雇用制度というかは、簡単な問題ではない。アメリカではアファーマティブ・アクションのために女性や黒人を優先的に採用したり昇進させることは禁止されている。目標となる数字が達成されているか否か自体よりも、目標を達成するための努力を雇用主が誠実に行なっているか否かが重視される。たとえば、女性労働者が少ない企業の場合、ただ単に女性の採用を増やすのではなく、これまでの採用方法に女性差別はなかったか、女性の応募が少ない原因は何か、女性の離職率が高い原因は何か等々を分析し、それらの原因を解消し女性労働者を増やすための行程表を作成し、期限を定めた数値目標を作成しなければならない。そして、その目標を達成するために真摯な努力をしていると認められなければ、政府との商取引を中止され、入札に参加することができなくなる。

日本のポジティブ・アクション

二〇一五年、ポジティブ・アクションの実施を義務付ける「女性の職業生活における活躍の推進に関する法律（女性活躍推進法）」が成立した。同法は、常時雇用する労働者の数が三〇一人以上の事業主に対し、（1）自社の女性の活躍状況の把握と課題分析、（2）女性活躍推進のための行動計画の策定、届出、社内周知、公表、（3）自社の女性活躍に関する情報の公表を義務付けている。

地方自治体によっては、女性活躍推進法施行以前から、企業の育児支援策や男女均等施策を、公契約の入札参加資格審査の審査項目や入札における評価項目に入れているところがあった。たとえば、二〇一二年四月に実施された調査によると、三一の都道府県が公共工事の競争参加資格審査の評価項目に、何らかの男女均等化施策を含めている。都道府県が評価項目にしている施策として最も多いのが次世代育成支援対策推進法に基づく一般事業主行動計画を策定して、労働局に届出しているか否かであり、二〇の都道府県が評価項目としている。次いで、都道府県独自の男女共同参画やWLBの企業認証制度に基づく認証や登録を受けているか否かであり、一七の都道府県が評価項目としている。

そのほかに、物品の購入などの競争参加資格審査において男女均等化施策を審査項目としている都道府県が七つ、総合評価落札方式の事業の審査項目に男女均等化施策を入れている都道府県が三つある。また、随意契約を含めたその他の公共調達において、男女均等化施策への取り組みを評価項目としている都道府県が一三ある。

このような取り組みは大いに評価されるべきであり、もっと多くの省庁や自治体が導入すべきである。ただし、現在の制度では、男女均等化に対してどの程度の効果があるのか明らかでない。欧米では、ポジティブ・アクションの実施が競争入札への参加の必要条件であるのに対し、日本の自治体が導入している制度は、ポジティブ・アクションの実施は多数の評価項目の一つにすぎない。評価項目の一つになったことが落札の結果にどの程度影響を及ぼしているのか、またそれが企業の両立支援施策や均等化施策にどの程度の影響を及ぼしているのかについて、詳細な調査が必要である。そうした調査を踏まえたうえで、国がより効果的なポジティブ・アクションの実施を雇用主に要求すべきである。

5　企業の雇用情報開示

企業経営に直接携わるのは経営者であるから、企業経営に関する情報をもっているのは社長や取締役などの経営者である。しかし、その情報は一部の経営者が独占していいわけではない。企業は社会的存在である。経営者以外に、従業員、消費者、投資家、銀行、地域住民など多くのステークホルダー（利害関係者）の支持や理解がなければ、企業の持続的成長はありえない。そして、経営情報が開示されないとステークホルダーは正しい判断ができない。

もちろん、すべての経営情報を開示しなければならないわけではない。企業の研究開発や新製品の開発に関する情報は機密情報として秘匿されるべきだし、個々の従業員のプライバシーにかかわる情報を開示することも許されない。しかし、財務、環境、雇用の分野に関する情報は広く開示すべきである。これら三分野のうち、雇用に関する情報開示が最も遅れている。

雇用実態に関する情報の開示は、とくに求職者にとって重要である。企業の雇用実態は外部の者にはわかりにくい。従業員の年齢構成、平均賃金、労働時間、育児休業取得率、育児のための短時間制度の利用率、離職率、有給休暇消化率、年間休日数、管理職数などについての男女別統計は、求職者にとって重要な情報である。また、女性の活躍は、投資家にとっても大きな関心である。企業の持続的成長にとって、女性や外国人などの多様な人材の活用が不可欠であるというのが、欧米では常識となっている。

女性の活躍やWLBに関する企業の情報を開示させようとする取り組みは、やっと途についたばかりである。

注目すべきものとして、次世代育成支援対策推進法が、従業員数一〇一人以上の企業に対して、育児支援対策（一般事業主行動計画）の策定、都道府県労働局への報告、公開、従業員への周知を義務化したこと（一〇〇人以下の企業については努力義務）がある。企業によって情報の質に濃淡はあるが、仕事と育児の両立支援対策は「両立支援の広場」というサイトで公開されており、二〇一二年末でおよそ二万六〇〇〇社の企業が両立支援対策を公開している。(2)

育児支援情報の公開を義務化したことは大きな前進であるが、まだ十分とはいえない。どのような情報を開示すべきかについての規定がなく、企業任せになっているからである。「計画」や「目標」が抽象的で数値化されておらず、目標が達成されたか否かがわからない企業が多い。男女別の育児休業取得率、短時間勤務制度利用率、残業時間など、重要な情報がほとんど開示されていない。どの項目に関する情報を開示すべきかについて、政府が指導すべきである。

もう一つ注目すべきものに、女性の活躍に関する情報の公開を義務化しようとする動きがある。一九九九年までは、有価証券報告書において、従業員数、平均年齢、平均勤続年数、平均給与月額が男女別に記載されていたが、二〇〇〇年に連結決算が導入されたのを機に、男女別の記載が廃止され、男女合計の数字のみが記載されるようになってしまった。今日では、有価証券報告書とは別に、CSR報告書などで自主的に男女別統計を開示している企業もあるが、そのような企業は一部にすぎない。一部の企業だけが開示していたり、企業によって開示する情報が異なったりしているのでは、求職者や投資家にとって企業比較ができない。また自主的開示では、先進的な取り組みをしている企業しか開示しない。全体の底上げを目的とするなら、開示すべき項目を指定して義務化する必要がある。

女性の活躍状況に関する情報公開義務化への動きの一つに、「資本市場における企業の女性活躍状況の『見える化』に関する検討会」がある。二〇一二年一二月に行われた検討会で「報告書

（案）」が提出された。しかし、残念ながら、そこでは女性活躍状況に関する情報を有価証券報告書に掲載することを義務化するなどの具体的提案はなされなかった。その理由は、日本経営者団体連合会（経団連）からの強硬な反対によるものと思われる。というのは、議事録をみる限り、経団連専務理事だけが、情報開示義務化に対し反対意見を表明しているからである。日本を代表する企業経営者の連合体が情報開示に抵抗するようではこの国の将来は明るくない。

6 ローマは一日にしてならず

本章では、日本のジェンダー不平等を解消するために必要な政策として、WLB施策、男女均等化施策、企業の雇用情報開示の三つを議論してきた。ただし、それらの政策に対しては、いずれも保守的経営者からの抵抗が予想され、簡単に実施できるものではない。しかし、一企業が単独で行なって成果が出なくても、全企業がいっせいに行なえば成果が出るのがこれらの政策である。

　また、ジェンダーにかかわる形式的な制度を変えるのも容易でないが、慣習や慣行を変えるのはさらに難しい。性役割は個人のアイデンティティーの一部であるため、一度確立したものを変えるには自己を否定することが要求されるからである。

　子どもの頃、自分の母親が就業していた女性は、自身が出産した後も就業する確率が高いことが知られている。このように、性役割意識の形成には、本人のアイデンティティーが確立する時期の生活環境が決定的に重要であるとすれば、日本社会の性役割の変化は、幾世代もかけてゆっくりとしか進まないのかもしれない。

　しかし、だからといって悲観的になる必要はないし、また現状に甘んじる必要もない。信頼できる統計が入手できるようになって以降、女性の相対賃金も、管理職割合も、また、社会のさまざまな分野で活躍する女性の割合も、一進一退を繰り返しながらではあるが、わずかに改善しつつある。このような改善は、経済発展という大きな力の産物であると同時に、私たち一人ひとりの人生の選択の結果でもある。世の中の不合理や不条理に声を上げる人がいなければ、そのわずかな改善すら実現しなかっただろう。本書がそのような声を上げる人たちの一助となれば幸いである。

・注

（1） 男女を合計した長時間労働者（週四九時間以上労働）の割合は、日本が二八・五％で、韓国の四五・七％に次いで大きい。イギリスを除くEU諸国は一〇％未満である（日本労働政策研究・研修機構［二〇一二］、各国のデータは二〇〇四年のものである）。

（2） 二〇一四年に内閣府男女共同参画推進課は「女性の活躍『見える化』サイト」を開設した。このサイトでは、上場企業のうち、一一五〇社が、管理職・役員の女性比率、女性登用に関する目標、育児休業からの復職率等を開示している。

参考文献

赤松良子［二〇〇三］、『均等法をつくる』勁草書房。

石川松太郎［一九七七］、『女大学集』平凡社。

大石学［二〇〇七］、『江戸の教育力――近代日本の知的基礎』東京大学出版会。

カートライト、ジョン H.（鈴木光太郎・河野和明＝訳）［二〇〇五］、『進化心理学入門』新曜社。

川口章［二〇〇八］、『ジェンダー経済格差――なぜ格差が生まれるのか、克服の手がかりはどこにあるのか』勁草書房。

川口章［二〇一一］、「日本的雇用制度と男女格差」日本経済学会二〇一一年春季大会報告論文。

川口章［二〇一二］、「経済的選考の性差――経済学と心理学の出会い」『日本ジェンダー研究』第一五号、四三―六四頁。

小山静子［一九九一］、『良妻賢母という規範』勁草書房。

小山静子［二〇〇九］、『戦後教育のジェンダー秩序』勁草書房。

コラピント、ジョン（村井智之＝訳）［二〇〇五］、『ブレンダと呼ばれた少年』扶桑社。

斉藤笑美子［二〇一二］、「フランスの法と社会におけるカップルと親子」井上たか子編著『フランス女性はなぜ結婚しないで子どもを産むのか』勁草書房、八五―一〇六頁。

橘木俊詔［二〇一一］、『女性と学歴――女子高等教育の歩みと行方』勁草書房。

日本労働研究・研修機構［二〇一二］、『データブック国際労働比較 二〇一二年版』日本労働研究・研修機構。

バロン-コーエン、サイモン（三宅真砂子＝訳）［二〇〇五］、『共感する脳、システム化する脳』ＮＨＫ出版。

フリーダン、ベティ（三浦富美子＝訳）［二〇〇四］、『新しい女性の創造（改訂版）』大和書房。

フロイス、ルイス（岡田章雄＝訳）［一九九一］、『ヨーロッパ文化と日本文化』岩波書店。

堀場清子［一九九一］、『「青踏」女性解放論集』岩波書店。

マネー、ジョン＝パトリシア・タッカー（朝山新一・朝山春江・朝山耿吉＝訳）［一九七九］、『性の署名』人文書院。

山口一男［二〇〇九］、『ワークライフバランス――実証と政策提言』日本経済新聞出版社。

Aigner, Dennis J. and Glen G. Cain [1977], "Statistical Theories of Discrimination in Labor Markets," *Industrial and Labor Relations Review*, vol. 30, no. 2, pp. 175-187.
Becker, Gary S. [1965], "A Theory of the Allocation of Time," *Economic Journal*, vol. 75, no. 299, pp. 493-517.
Berenbaum, Sheri and Susan Resnick [2007], "The Seeds of Career Choices: Prenatal Sex Hormone Effects on Psychological Sex Differences," Stephen J. Ceci and Wendy M. Williams (eds.), *Why Aren't More Women in Science?: Top Researchers Debate the Evidence*, American Psychological Association, pp.147-158.
Clark, Andrew E., Ed Diener, Yannis Georgellis, and Richard E. Lucas [2008], "Lags and Leads in Life Satisfaction: a Test of the Baseline Hypothesis," *Economic Journal*, vol. 118, issue 529, pp. F222-F243.
Money, John [1995], *Gender maps: Social Constructionism, Feminism, and Sexosophical History*, Continuum.

離職確率　185, 188, 189
離職率　115
リスク回避　14, 15
良妻賢母　37, 38, 39
倫理観　24
レヴィ＝ストロース　92
恋愛結婚　82
労働時間短縮　201
労働時間の規制強化　202, 203
労働の抽象化　131
ロールモデル　45, 46

● わ 行

ワーク・ライフ・バランス　65
ワーク・ライフ・バランス施策　200, 208

中途採用　61, 184
賃　金　144
賃金格差　135
同一価値労働・同一賃金　167
同一労働・同一賃金　167
統計的差別　190
　——の理論　185
投資量　21
突然変異　19

● な　行

内部昇進制度　172, 177
日本的雇用制度　146
認知能力　10
年金制度　75
年功賃金制度　172, 176, 179
脳　10, 19

● は　行

配偶システム　19
配偶者控除　85
派遣社員　149
働きやすい会社ランキング　58
パート（タイム）　101, 107, 147, 148, 151
パート・アルバイト　101, 107
半陰陽　4
晩婚化　42, 64, 74, 75, 76, 79, 110
晩産化　42, 64
非婚化　42, 64, 74, 75, 76, 79, 110
ビジネス慣行　206
非正規労働者　79, 80, 81, 144, 147, 148, 154, 155, 157, 165
非嫡出子　85
平塚らいてう　3, 38
貧　困　140
夫婦関係特殊資本　85
フェミニスト　3
フェミニズム　7
フェミニズム運動　3
扶養家族手当　168
フリーター　151
フリーダン，ベティ　7, 8
フレックスタイム制度　100
フロイス，ルイス　32, 35
フロイト　9
文　系　46
ベッカー，ゲリー　128
保育所　108, 116, 117
法律婚　84
母子家庭　89
ポジティブ・アクション　45, 48, 67, 209, 211, 212
補償賃金理論　163

● ま　行

マーケティング　198
マサイ族　17
マネー，ジョン　4
マミー・トラック　112, 113
見合い結婚　82
民事連帯契約　88
無期雇用　157
メディア　8

● や　行

有価証券報告書　215
有期雇用　157, 158
幼稚園　116
与謝野晶子　38

● ら　行

理工系　44, 46
離　婚　85, 140

索　引

● さ　行

再就職　106
在宅勤務制度　100
左　脳　12
差別的雇用慣行　210
ジェンダー秩序　35, 36
ジェンダー平等　196
資格等級制度　176
時間外労働　63, 64
仕事と育児の両立　115, 205
仕事と家事・育児の両立　135
仕事と家庭の両立　99, 136
事実婚　84, 87, 93
自主規制　207
次世代育成支援対策推進法　111, 115, 211, 214
支配装置　35
就学機会　28
就業形態　147
就業率　103, 104
就職率　42
終身雇用制度　172, 175, 180, 181
出産退職　43, 70, 106, 205
狩猟採集社会　25
生涯未婚率　74
少子化　75
商品開発　198
職業人生　66, 67, 69
嘱　託　149
職能給　168
職場環境　113
職務給　168
女子を教ゆる法　29, 33, 36
女性が活躍する会社ランキング　58
女性管理職　173, 174, 183, 199
女性差別　52
女性枠　47
所得格差　77
進化心理学　18, 23
進化論　18
新卒採用　60, 183
心的回転　11, 12
生活満足度　91
正規労働者　70, 79, 81, 101, 107, 108, 109, 140, 144, 148, 154, 157, 165
生産性　162, 165
性自認　5
性的マイノリティー　5
性同一障害　5
性別分業　76, 79, 80, 100, 111, 136, 139, 156, 191
性ホルモン　10
性役割　6, 28, 34, 133, 135, 136, 139
セックス　2, 5
セーフティ・ネット　74
専業主婦　126, 127
潜在的繁殖率　22
総合職　55, 56

● た　行

大　学　30, 39, 40
待機児童　116, 203, 204
ダイバーシティ　48
ダイバーシティ経営大賞　57
ダーウィン　19
WLB 施策　→ワーク・ライフ・バランス施策
短期大学　29, 39, 40
男女均等化施策　200, 208, 211
男女雇用機会均等法　53, 54, 186
男女差別撤廃条約　30
男性ホルモン　13
短　大　→短期大学

索　引

あ　行

赤松良子　124
アファーマティブ・アクション　209, 210
アルバイト　101, 107, 148, 151
アンドロゲン　13
アンペイド・ワーク　122
育児休業　114, 115, 205
育児休業取得率　204
一・五七ショック　98
一般職　55, 56
一夫一婦制　19
一夫多妻制　20, 21
インサイダー・アウトサイダー理論　164, 166
右　脳　12
梅棹忠夫　126
江戸時代　28
M 字型曲線　104
M 字型就業形態　154
OJT　160
OFF-JT　159, 161
女らしさの神話　7

か　行

介護保険制度　75
貝原益軒　29, 33, 36
カシ族　17
家事労働　125, 126, 129, 130, 132, 133
——の抽象化　132
家族賃金　137, 138
家庭責任　62, 63
稼得能力　76, 77
稼得労働　130
カリキュラム　30
企業業績　197
企業内人材育成制度　172, 177, 179, 180, 183
企業の持続的成長　197, 199
企業文化　65
企業別労働組合　172, 178, 184
技術・家庭科　30
教育訓練　159, 160, 177, 180
競争志向　16
勤続年数　63, 64, 146, 175
均等・両立推進企業表彰　57
空間視覚化　11
空間認識能力　11
経済成長　196, 197
契約社員　149
言語能力　11
言語流暢性　11
効果量　10
合計特殊出生率　98
高等女学校　38
幸福度　90, 91, 92
コース別人事管理制度　54
子育て大賞　57
雇用情報開示　200
婚外子　87, 88, 89, 94

●著者紹介

川口　章（かわぐち　あきら）

1958年　香川県に生まれる
1982年　京都大学経済学部卒業
1984年　京都大学大学院経済学研究科修士課程修了
1991年　オーストラリア国立大学 Ph.D.（経済学）
メルボルン大学経済商学部講師，追手門学院大学経済学部教授などを経て
現　在　同志社大学政策学部教授
主　著　『ジェンダー経済格差』勁草書房，2008年（日経・経済図書文化賞受賞）
『雇用社会の法と経済』分担執筆，有斐閣，2008年
『少子化・家族・社会政策』分担執筆，法律文化社，2005年
『雇用慣行の変化と女性労働』分担執筆，東京大学出版会，1997年

日本のジェンダーを考える
Discussing Gender Roles in Japan　〈有斐閣選書〉

2013年 9月15日　初版第1刷発行
2020年11月 5日　初版第4刷発行

著　者　川　口　　章
発行者　江　草　貞　治
発行所　株式会社　有　斐　閣
郵便番号 101-0051
東京都千代田区神田神保町 2-17
電話（03）3264-1315〔編集〕
（03）3265-6811〔営業〕
http://www.yuhikaku.co.jp/

印刷・大日本法令印刷株式会社／製本・牧製本印刷株式会社

ISBN 978-4-641-28132-5